Un taxi la nuit

Pierre-Léon Lalonde

Un taxi la nuit

hamac-carnets

Les éditions du Septentrion remercient le Conseil des Arts du Canada et la Société de développement des entreprises culturelles du Québec (SODEC) pour le soutien accordé à leur programme d'édition, ainsi que le gouvernement du Québec pour son Programme de crédit d'impôt pour l'édition de livres. Nous reconnaissons également l'aide financière du gouvernement du Canada par l'entremise du Programme d'aide au développement de l'industrie de l'édition (PADIÉ) pour nos activités d'édition.

Hc

Directrice de collection : Adeline Corrèze

Révision : Solange Deschênes

Mise en pages et maquette de la couverture :
Pierre-Louis Cauchon

Si vous désirez être tenu au courant des publications de la
COLLECTION HAMAC et des ÉDITIONS DU SEPTENTRION
vous pouvez nous écrire au
1300, av. Maguire, Québec (Sillery), Québec G1T 1Z3
ou par télécopieur au 418 527-4978
ou consulter notre catalogue sur Internet :
www.hamac.qc.ca ou www.septentrion.qc.ca

© Les éditions du Septentrion
1300, av. Maguire
Sillery (Québec)
G1T 1Z3

Dépôt légal : Bibliothèque et Archives
nationales du Québec, 2007
ISBN 10 : 2-89448-503-4
ISBN 13 : 978-2-89448-503-3

Diffusion au Canada :
Diffusion Dimedia
539, boul. Lebeau
Saint-Laurent (Québec)
H4N 1S2

Ventes en Europe :
Distribution du Nouveau Monde
30, rue Gay-Lussac
75005 Paris France

*À la douce mémoire
de mon père Jean-Paul*

Mes deux yeux grands ouverts le sommeil est pas là
Cinquante millions d'images qui se bousculent dans ma tête
Montréal c'est de ta faute, je t'aime trop c'est pour ça

André Fortin *Tout seul-Dehors Novembre*

Mon farniente vagabond respire et se déchaîne dans les nuances de la nuit.

Jorge Luis Borges *Lune d'en face*

Vous avez vu *Taxi Driver*? Il y a des gens qui soutiennent que le personnage interprété par De Niro devenait dingue non pas à cause des horreurs qu'il avait vues au Viêt-Nam ou même dans la ville, mais simplement parce qu'il conduisait un taxi? Intéressant comme hypothèse, non?
— Je ne vais pas au cinéma.
— Ah non? Qu'est-ce que vous faites de beau?
— Je conduis mon taxi.

Andreas G. Pinketts *La madone assassine*

C'est ainsi que se termine ce livre.
Du moins, son écriture.

Débute sa lecture, qui se veut un grand retour en arrière.

Au fil des pages, je vous invite à revenir sur ces deux dernières années de déambulations nocturnes, à remonter le cours de ces voyages dans le temps, à monter à bord de mon monde.

Issu de la blogosphère, ce livre se veut génétiquement modifié. Sa chronologie est inversée, les textes les plus récents se trouvant au début. Si vous faites partie de ces nombreux internautes ayant déjà mis leurs yeux sur ces mots, vous voyez où je veux en venir. Le principe n'a rien d'une grande révolution. Pas de quoi en être renversé.

Cependant, rien ne vous empêche de commencer votre lecture à la dernière page.

Bonne route.

Le vieux

J e stoppe le taxi à la hauteur d'un jeune Noir qui tient une main garnie de bagues dorées, au-dessus d'une casquette des « White Sox », qu'il porte à l'envers. D'un geste, il me demande d'ouvrir ma fenêtre et me montre, dans le même élan, un vieux clochard assis en retrait dans les marches d'un triplex décrépit.

Le vieillard a le regard vide de quelqu'un qui ne voit plus et probablement de quelqu'un qui en a trop vu. Il a aussi le sourire béat de quelqu'un qui a trop bu. Je coupe le contact, sort du véhicule et, avec le jeune, j'aide à lever le vieux, qui malgré le temps frais ne porte que haillons. Avec ce qu'il a dans le nez, l'équilibre de l'ancêtre n'est plus à son meilleur au-dessus de ses vieilles semelles compensées.

Lentement, on l'amène jusqu'au taxi. Le black le tient par un bras, je le tiens par l'autre. Le vieil enivré rigole dans sa barbe, en me répétant qu'il a de quoi payer. Je le rassure que tout est OK. J'ouvre la portière et le kid l'aide à s'asseoir, pendant que je tiens sa vieille canne enrubannée de « gaffer tape » gris. Je referme la porte derrière lui, et je retourne derrière mon volant, après avoir salué d'un signe de tête le kid, qui déjà s'éloigne en se dandinant.

Le vieil infirme, qui sent le rance et la mauvaise gnôle, me demande de l'amener à deux pas de là. Un marathon dans son cas. Dans mon rétroviseur, j'observe l'homme qui a toujours un sourire qui lui fend le visage. Une face emplie de vécu et de misère. On dirait que chaque ride a sa petite histoire.

Comme avec presque tous mes clients, je lui demande comment s'est passée sa veillée. Je l'écoute me parler, avec un accent typiquement irlandais, d'une fête avec des vieux amis, d'un bon souper chaud, d'une couple de « p'tites frettes » et d'un gros gâteau au chocolat.

— How'da you say cake in french ?

— Un gâteau !

— That's it ! Une gwos gawtow à la chocolate ! Qu'il me traduit, avec un presque fou rire dans la voix.

Le trajet me prend à peine trois minutes à compléter. À l'intersection demandée, je recoupe le contact et sort du taxi pour aider le vieux à s'extirper de l'auto. Dans l'intervalle, il s'est mis à farfouiller dans les poches de son pantalon pour en sortir une poignée de pièces poisseuses. Mais dès le départ mon idée était faite. C'était hors de question que je le fasse payer pour cette course.

— Put that back in your pocket old man, the ride's on me !

Le vieux aurait gagné à la loterie qu'il n'aurait pas réagi autrement. Je présume que l'alcool faussait la donne, mais c'est presque les larmes aux yeux qu'il m'a remercié, en s'appuyant à ma main pour grimper sur le trottoir. Une fois sur ce dernier, il s'est jeté dans mes bras et m'a donné l'accolade.

Gêné et ému à mon tour, je l'ai serré un peu, mais pas trop, sentant la fragilité de cet être sur ses derniers milles. Pas besoin d'avoir fait sa médecine pour savoir que la route achevait pour ce vieux guenilloux.

Avoir eu le temps, je l'aurais volontiers remonté avec lui. Nos chemins ne se sont que croisés, mais, me fiant à l'aura de son cœur, j'aurais fait fi de l'odeur de son corps, et nous aurions roulé. Il m'aurait raconté ses rides, je lui aurais montré Montréal, par mes mots. Nous aurions roulé jusqu'à la fin de la nuit.

Ondes porteuses

J'attends devant une adresse, qu'on vient de me donner sur le radio-taxi. Je me demande un instant si mes clients ne sont pas déjà partis, mais, comme je ne vois pas de traces de pas sur la neige qui vient de commencer à se répandre sur le sol, je ne m'inquiète pas. En fait ça me donne deux secondes pour relaxer un brin, dans cette veillée de fou. C'est le festival du bras dans les airs ce soir. Même pas le temps d'arrêter pour manger.

De l'appart' sort une grande rouquine qui me salue et me demande de l'amener dans le Mile End. Je démarre le compteur et c'est parti! Elle me demande d'aller prendre le pont des Seigneurs et je m'exécute. À son attitude, je vois bien qu'elle n'a pas vraiment envie de faire la conversation et ça m'est égal.

Je monte alors un peu le son de la radio qui est sur *Bande à Part*. J'aime bien l'éclectisme de ce show, mais je comprends aussi que ça ne puisse pas faire l'affaire de toute ma clientèle. De fait on tombe sur une pièce assez bizarre, très musique actuelle, pas mauvais, mais assez «noise» mettons. Je m'apprête alors à changer de poste, quand ma passagère s'écrie:

— Don't change it! It's my boyfriend's music!

On est tous les deux stupéfaits par ce hasard incroyable. Elle sort d'une fête avec des amis, pour aller rejoindre le mec qu'on écoute à la radio. Et pour tout dire, je n'ai pas l'impression qu'il doit être sur les ondes très souvent. Là l'onde a fait son petit chemin jusqu'à la belle, qui n'en revient toujours pas. Quand la pièce se termine, je lui dis qu'elle doit vivre une bien belle histoire d'amour pour qu'elle reçoive des messages de cette intensité.

Elle ne m'a rien dit, mais m'a souri tendrement, en mettant une main sur son cœur.

Tourner en rond

Hier, je vous aurais volontiers parlé des «cas», que je me suis amusé à trimballer à travers la ville. Des chauds, des rouges, des gelés, des nez-rouges, plein de sortes d'allumés et bien d'autres, sur le point de s'éteindre. Quelques cas lourds sur lesquels je vous aurais légèrement entretenu. Ça aurait été d'un distrayant indéniable. Du voyeurisme à l'état brut. De l'arrière de banquette au ras des pâquerettes.

Pourtant cette nuit, ce que je retiens de cette fin de semaine de fou, ce sont ces arbres qui sont tombés. Ce sont ces quartiers plongés dans le noir, alors que brillaient honteusement, autour, les lumières des fêtes. Dans ma tête ça sonne : défaite.

Je me demande ce qui me fatigue le plus. Ces longues heures passées sur la route ou l'observation de la connerie humaine.

Par exemple, dimanche soir, lors d'une pause, j'écoute à *Tout le monde en parle*, Jean Lemire de la mission Sedna IV parler de la catastrophe de la fonte des glaces antarctiques. Le comique de service lui demande alors, qui a baisé avec qui, lors du périple (…). Je comprends que c'est dans le ton de l'émission et qu'il vaut mieux en rire que d'en pleurer, mais je ne peux faire autrement que de penser que c'est là qu'on est rendus. Le ciel peut bien nous tomber sur la tête, on ne veut pas savoir que le monde court à sa perte, on veut savoir avec qui ce monde baise, et dans quelle position.

Et encore là, comme le reste, tout le monde en parle, mais personne ne fait rien.

Je songe que des tempêtes de verglas, on n'a pas fini d'en avoir, et qu'à un moment donné ce ne sont pas que des arbres qui tomberont.

N'empêche que je vais continuer de tourner en rond dans ce monde de fou. Je vais continuer de trouver Montréal jolie, même quand elle brille sous ses feux de pacotille. Je vais continuer d'observer la connerie humaine, et, si y'a encore du courant, je vous parlerai de ces courses.

Partys de bureau

Ç a fait trois fois que l'homme me répète son adresse. Il sort de son party de bureau et est pour le moins éméché. Encore heureux qu'il ait le vin joyeux, le contraire est toujours assez pénible. J'arrive de peine et de misère à déchiffrer son verbiage alcoolisé, mais je me dois d'entretenir la conversation. Ne faut surtout pas qu'il s'endorme. Il me parle de la boîte pour laquelle il travaille, puis comment ils forment un groupe uni, une bien belle gang, etc. J'apprends que la fête est loin d'être finie, que c'est « bar open » et que le boss a remis à tous ses employés des coupons-taxis. Des mots qui sonnent bien dans mes oreilles.

J'ai donc élu domicile au poste desservant l'adresse où se déroulait le fameux party et je n'ai pas été déçu. Les appels se sont succédé sans trop d'attente. J'embarquais, faisais la course, revenais, rembarquais... Le genre de soirée qui vient compenser pour les longues heures passées à attendre. Voici enfin venu le temps de l'année où tous les chauffeurs de taxis sont heureux.

Une course après l'autre me fait découvrir une autre facette de la fameuse soirée. J'ai beau ne pas y avoir assisté, c'est tout comme. L'un a vomi dans un coin, l'autre a baisé sous une table, l'autre a sauté sa coche et, quand le party se termine, je suis aux premières loges pour la grande finale.

J'embarque ce couple qui a l'odeur, ils viennent de passer leur soirée enfermés dans une SAQ. Ils bafouillent, marmonnent, balbutient, hésitent, l'un a envie de l'une, cette dernière a eu beau l'allumer toute la soirée, l'histoire est sur le bord de s'éteindre.

On va le déposer dans un premier temps, et je vais me taper le reste de la course avec l'allumeuse.

Elle est jolie, malgré son haleine de fond de tonne. Me demande mon « cell » pour appeler son chum. Je me fais à l'idée que je ne la ramènerai pas chez moi, je l'échappe belle, elle a l'air d'être un méchant cas. Je lis entre les lignes que c'est la fille de sous la table, elle va rejoindre son homme qui ne se doute de rien. Comme de raison, on n'avait pas invité les conjoints.

S'ils savaient…

Poudrerie

Jeux d'hiver

Une maudite belle tempête s'abat sur la ville. C'est vendredi, les bureaux se vident et l'heure de désappointe bat son plein. Montréal se gonfle de neige et d'impatience. Très lentement, elle déverse son flot de conducteurs à fleur de pot, vers les banlieues. Dans ce beau gros bordel métropolitain, les conditions déroutent. La radio parle de code rouge partout et d'au moins quatre heures d'attente pour l'intervention de la CAA. Pour les taxis, une soirée survoltée est à prévoir. Nuit de tir aux câbles à «booster», de patinage de fantaisie et d'abominables slaloms des neiges.

En plus du trafic normalement débile, il faut faire avec les camions de sel, ceux des vidanges et les chasse-neige, qui ont vite fait de réduire la largeur des boulevards. Comme chaque année, il y a ceux qui n'ont pas encore changé leurs pneus. Comme chaque année, il y a ceux qui ont oublié comment rouler sur cette affaire blanche-là! Une géante course à obstacles fait rage. Les trottoirs bondés sont de grosses patinoires et plusieurs piétons se risquent (et périls) dans les rues. Plus personne ne s'occupe des feux de circulation. Ça roule tout croche, ça tourne au vinaigre, la ville bouchonne. Une «belle immobilité», dit le gars de la radio.

Les autos parquées en ont jusqu'au milieu des portes. Ça pousse, ça pellette, ça pousse encore. Les balais et les grattoirs se font aller. Ça sent le dépourvu pis «l'avoir su, je serais pas viendu»! Je dois ouvrir ma fenêtre régulièrement pour secouer l'essuie-glace. On entend les avertisseurs des camions qui reculent, les moteurs refusant de démarrer et ce bruit particulier des pneus qui roulent à vide dans la neige.

Puis ça pousse encore. Et ça ressort la pelle. Et la charrue repasse.

« Y'en aura pas de facile », comme disait l'autre.

N'empêche que, si ça peut en décourager quelques-uns de venir en ville en char, ça sera toujours ça de pris. D'ailleurs, pourquoi ne laisse-t-on pas la neige en paix ? Tout le monde en raquettes, en ski de fond, en traîneaux à chiens ! Montréal la blanche, interdite aux chars pour l'hiver ! Vous reviendrez au printemps !

On peut toujours rêver… Les cols bleus sont déjà à la tâche pour que tout le monde revienne le plus vite possible ! Il faut bien que l'économie puisse continuer à rouler ! Pour l'instant, ça roule pas fort. Plutôt à la va « comme je te pousse ». Les accrochages se multiplient et plusieurs côtes se sont transformées en pistes de luge et bobsleigh. Un 4X4 s'est encastré dans un lampadaire dans la pente Atwater. Comme quoi le véhicule ne fait pas le conducteur.

Enfin bref. Je multiplie les courses en prêtant une oreille attentive aux péripéties de mes clients. La plupart déversent leur fiel sur cette saison maudite : « Crisse d'hiver ! Maudite neige ! C'est l'humidité ! Putain d'température ! » Je connais toutes les variantes du pleurnichage contre les intempéries. Il faut croire que chialer est le sport préféré des Montréalais. Fin psychologue sportif, j'encourage leurs vitupérations, j'épaule leurs récriminations, je supporte leurs protestations. En autant qu'ils ne me salopent pas la voiture et qu'ils paient à la fin du voyage, je suis prêt à endurer les pires doléances. Je sais que ça leur fait du bien de sortir le méchant. Lâchez-vous lousse ! La consultation est incluse dans le prix.

La neige continue de tomber, la nuit tombe aussi. Ça change la manière de voir. Avec tout ce blanc, Montréal rayonne d'une lumière irréelle. Elle brille d'une nouvelle aura. Simplement magnifique.

Pourtant, à l'heure où j'écris ces lignes, il n'y a qu'une petite neige fine qui tombe. Même pas foutue de rester au sol ! Il n'y a pas de bancs de neige, pas de luminosité incroyable, pas de gros bordel métropolitain.

Ça me gonfle et je m'impatiente. Je me sens comme un gamin qui attend de faire son premier gros bonhomme de l'année. Vite la neige, que je sorte ma gratte, ma pelle, mon balai ! J'ai hâte de vous entendre chialer, aux premières loges derrière mon volant pour observer les braves affronter la saison froide. Pour voir les courageux d'hiver.

Dehors novembre

En me réveillant hier, la radio m'apprenait le décès de Philippe Noiret. Dès le départ, la nuit s'annonçait un peu triste. En marchant vers le métro, me venaient en tête des images de l'acteur. Des souvenirs de soirées de cinéma. Avec qui j'étais à tel film, qu'est-ce qui se passait dans ma vie à telle ou telle époque. Le jour se couchait dans un spectaculaire jeu de pastels, mais ça me semblait tout de même bien gris.

Dans le métro je récupère un numéro de l'ICI Montréal, et je tombe sur l'édito de Pierre Thibeault où il est question du suicide de Dédé Fortin.

Déjà six ans. Sa « sortie » m'avait filé un sacré coup de vieux à l'époque, et j'y pense encore souvent. Surtout quand je passe devant l'appart' de la rue Rachel, où il a commis l'irréparable.

En sortant du métro, il fait déjà noir. Un fin croissant de lune est accroché au bout de la rue Beaubien, et je marche lentement jusqu'au garage, assailli par une douce mélancolie. Je pense aux humains et au temps qui passent. Je pense à la vie qui va trop vite. Dans ma tête il y a *Dehors Novembre* des Colocs qui tourne en boucle.

Au garage, je prends les clefs sans rien dire. Mon taxi est plein d'essence, je suis plein de tristesse.

La nuit, la route, Montréal…

Rien de tel pour faire le vide.

Course de rêve

Semaine assez cauchemardesque merci!
Je ne me souviens plus à quelle heure précise ça a commencé, mais je venais de m'endormir. Et puis ça a frappé.

Ça faisait des mois que j'embêtais le proprio avec des seuils de fenêtres pourris. Je ne m'attendais plus à rien de sa part, quand ça s'est mis à «varger» dans les murs. Une équipe de maçons se mettait à la tâche pour réparer la façade du bloc que j'habite. Ça a duré toute la semaine!

Vous devriez me voir les poches sous les yeux. Ça n'a pas été évident de faire mes nuits cette semaine. J'ai l'impression que le café n'a plus de prise sur moi. Les inconvénients du travail de nuit ou, du moins, de ceux de dormir le jour. Bref.

Samedi, après une grosse heure à tourner en rond, je m'installe sur le poste 61 à la place d'Armes et j'incline ma banquette pour relaxer un peu, en attente d'un appel ou d'un client.

C'est alors que s'est présentée une femme entre deux âges. S'assoyant derrière elle me demande:

— Vous connaissez le chemin des Arts?

Sur le pilote automatique, je me suis retrouvé sur la route y menant. Pendant un long moment nous avons roulé, sans échanger un mot. Dans mon rétroviseur, je regardais cette femme mystérieuse, en me demandant où je l'avais déjà vue? De son côté, elle regardait Montréal s'éloigner par sa fenêtre.

Tout s'est passé rapidement, je roulais maintenant sur un chemin de campagne et les feux de la ville étaient loin derrière nous. La femme s'est mise à parler mais, étonnement, ce n'est pas à moi qu'elle s'adressait, mais à un petit garçon, auquel je n'avais pas fait attention, assis sur la banquette à ses côtés. J'ai bien tenté de prêter l'oreille à ses propos, mais ses paroles devenaient chuchotements.

C'est alors que nous nous sommes retrouvés à un embranchement, que j'ai pris sans hésiter, vers la gauche. Quelques centaines de mètres plus loin, on s'est mis à grimper sur une espèce de rampe chambranlante, et j'ai dû rapidement mettre les freins, pour revenir à reculons jusqu'à l'embranchement. Pourtant, vers la droite, la route ne semblait pas avoir d'issue. Elle menait directement à un petit lac. De l'autre côté, je pouvais voir quelques chaumières et je savais, instinctivement, que c'était là que se trouvait notre destination. En regardant bien, j'ai alors aperçu les feux arrière d'une voiture sortant du lac, pour poursuivre sa route sur ce qui était sans doute le fameux chemin des Arts. Je me suis donc élancé vers le lac, dans l'idée de le traverser. Dans mon esprit ça ne faisait pas de doute qu'avec l'élan que j'avais je le traverserais aisément. J'étais d'ailleurs sur le point d'arriver sur l'autre rive, quand j'ai entendu klaxonner derrière moi. En regardant dans mon rétroviseur, je me suis rendu compte que ma mystérieuse passagère et l'enfant étaient disparus.

C'est à ce moment que j'ai entendu le répartiteur appeler mon numéro de voiture.

Et que je me suis réveillé.

J'ai relevé ma banquette, me suis frotté les yeux et j'ai repris la route en pensant à cette course énigmatique.

Coin de ciel

Apprendre à compter

La soirée ne fait que commencer et j'attends que la lumière vire au vert au coin de Décarie et Notre-Dame-de-Grâce quand traversent une mère et trois petits garçons qui me dévisagent sans vergogne. Je leur offre un beau sourire et leur envoie la main. La mère, qui porte un sac qui a l'air de peser une tonne, en tire un par la main et encourage les deux autres à presser le pas. Passée de l'autre côté, elle laisse tomber son sac, me regarde, hésite et lève finalement le bras. Elle ouvre la porte de derrière et les trois gamins ne se font pas prier pour monter à bord. Je sors du taxi pour l'aider à mettre son sac – qui pèse vraiment une tonne – dans le coffre. Elle me dit qu'elle veut aller à la station de métro Villa-Maria qui est à moins d'un kilomètre. Ce n'est pas bien loin, mais avec ce sac et les enfants…

Une fois à bord, elle me demande combien ça coûterait d'aller jusqu'au métro Jean-Talon. Comme il y a encore pas mal de circulation, je lui dis que ça ira chercher dans les 20-25 dollars. Elle semble trouver que ça fait beaucoup de sous, mais je n'ai pas à lui tordre trop le bras pour la convaincre de faire le reste du parcours à mon bord. Elle me demande toutefois si je peux m'arrêter quelques minutes au métro Plamondon où elle devait rejoindre une amie. Je n'y vois pas d'objection et on poursuit la course.

Les enfants sont excités. Ils ont l'air contents d'être en voiture et ils posent tout plein de questions à leur mère sur ce qu'ils voient, sur les boutons, sur le micro de ma radio. Je sens toute la curiosité qu'ils ont en eux et ça me plaît bien de leur expliquer ceci, cela. La mère semble apprécier ce moment de répit et, fouillant dans son sac, elle en sort des petits sachets de biscuits secs qu'elle file aux gamins. Arrivé à Plamondon, je trouve un espace pour me garer et la mère nous dit qu'elle en a pour deux minutes. Le plus petit rechigne un peu, mais sa mère est déjà de l'autre côté de la rue.

Voilà donc mon taxi transformé pour un moment en centre de la petite enfance. Dès que la mère est sortie, les mômes se mettent à chahuter. Les deux plus grands semblent vouloir s'en prendre aux biscuits du plus petit qui se met à crier pour protéger son bien. Je me tourne vers eux et leur dis qu'il faut rester bien sage à l'intérieur d'un taxi. Dans le visage du plus vieux, je vois bien qu'il se demande si je suis sérieux ou pas, mais ça ramène quand même un peu le calme. Je leur demande comment ils s'appellent, s'ils vont à l'école, etc. Je sens bien que ça les gonfle et qu'il faut que je trouve une autre tactique si je ne veux pas que le bordel recommence avant que la mère revienne. De l'autre côté de la rue il y a un édifice et je demande à celui qui est près de la fenêtre combien il peut y compter d'étages.

— Je peux compter jusqu'à cent! Me dit-il fièrement.

— C'est même pas vrai! répond son grand frère.

— Oui, c'est vrai! Justin m'a appris! Et comme pour relever le défi du frangin, il commence son énumération : un, deux, trois, quatre, cinq...

Son frère l'écoute attentivement et attend patiemment qu'il se trompe pour pouvoir le lui faire savoir. Le plus petit lui profite que les deux autres soient occupés par des trucs de grands pour continuer de bouffer tranquillement ses biscuits secs... 16, 17, 18, 19, 20, 20... 20...

Je sens que le reste va être ardu et je ne laisse pas la chance au plus vieux de s'acharner sur son frère et continue avec lui de compter lentement : 21, 22, 23, 24, 25...

— Là, tu vois à trente on recommence. 31, 32, 33, 34...

Le gamin comprend vite le processus et poursuit fièrement, chiffre après chiffre. Je le laisse continuer seul en l'aidant à chaque nouvelle dizaine. Le plus grand s'est tourné vers la fenêtre de derrière et fait des ronds de buée. 43, 44, 45... Le plus petit a fini ses biscuits et se met à jouer avec la poignée de la porte que je verrouille prestement. 55, 56, 57... La mère se fait toujours attendre et mon compteur poursuit également son décompte. 63, 64, 65, 66... Le cadet commence à sangloter, le grand à s'agiter... 70 et un, 70 et deux...

— Non, non ! Là, c'est 71, 72, 73...

Le gamin ne semble pas encore tout à fait prêt pour ce nouveau concept mathématique. Je demande donc au grand d'aider son frère à se rendre jusqu'à 100. Nous voilà donc les trois à compter ensemble : 85, 86, 87... Le petit se tourne vers nous pour tenter de décoder ce charabia. 92, 93, 94... Du coin de l'œil, je vois enfin la mère revenir accompagnée d'une autre jeune femme. 97, 98, 99... 100 !

Pendant que sa copine prend place à mes côtés, maman va se rasseoir derrière avec des petits bien contents de la revoir. Elle s'excuse pour l'attente et refile d'autres sachets de biscuits aux enfants. Pendant le reste du trajet, j'épie la conversation qu'elle a avec son amie. Parfois en anglais, parfois en français, parfois en créole, je comprends qu'elles se sont rencontrées dans un centre pour femmes en difficulté. La mère va porter les petits chez sa mère pour pouvoir s'offrir une soirée « off ». Je comprends que le père n'a pas assumé et s'est poussé, je comprends tout le courage de cette femme qui doit continuer à avancer et à faire ce qu'elle peut avec peu pour élever ses garçons.

Arrivés au métro Jean-Talon le compteur affiche près de 30 $. Elle me dit qu'elle n'a pas cet argent. Elle me dit aussi que ce n'est pas cette station mais celle sur Jean-Talon au coin d'Iberville… Je réalise que je n'y trouverai pas mon compte, mais je la rassure : je vais quand même lui faire la course pour 25 $.

Parvenue à destination, elle quitte le véhicule avec sa copine et le plus petit pour aller chercher l'argent chez sa mère. Elle demande aux deux plus grands d'attendre qu'elle revienne. La vieille Haïtienne l'attend déjà dans l'entrée du bloc. Je sors du véhicule et en fais le tour pour ouvrir la porte aux gamins qui courent sans se faire prier se jeter dans les jupes de mamie. Je sors ensuite du coffre le sac de la mère qui revient avec mon argent. Elle me remercie de nouveau et je lui dis que je comprends sa situation. J'ajoute que ses garçons sont très gentils et très bien élevés. Le sourire de fierté qu'elle m'offre alors vaut beaucoup plus que mon manque à gagner.

Nous nous sommes salués et j'ai poursuivi ma nuit en pensant au courage de cette femme et à la chance qu'ont ses enfants de pouvoir compter sur elle.

Bonne fin de nuit

L'arrivée du temps froid fait en sorte de raccourcir les nuits de travail. Quand les bars ferment, les gens ont beaucoup moins tendance à flâner dehors et, quand arrive quatre heures du mat', ces temps-ci, les trottoirs sont désertés. Dans les rues, que des taxis espérant trouver un dernier client à raccompagner. Si vous vous promenez en ville à ces heures un peu bizarres, vous savez de quoi je parle. Vous n'avez qu'à pointer le ciel du doigt pour que trois véhicules arrivent en trombe près de vous. Le choix de l'embarras quoi... Dans ces fins de nuit, quand je fais le tour des derniers endroits où se trouvent des clients potentiels et que je ne vois que des taxis avec des dômes allumés, c'est clair que ça signifie que l'heure d'aller parquer le véhicule a sonné.

Je me dois de ramener le taxi pour cinq heures du mat'. Bien sûr, il n'y a rien qui m'empêche de le ramener à n'importe quelle heure, mais comme je prends le métro pour revenir chez moi, et que la première rame passe à 5 h 35, ça me laisse assez de temps pour faire autre chose. Si la nuit a été tranquille, je reviens à l'appartement, me fais à souper, fais le tour rapidement des courriels qui s'accumulent et je pars ensuite faire le plein avant de ramener le taxi à bon port. Je jase un peu avec le gérant et marche prendre mon métro. Par contre, si ça a bien roulé et que la nuit a été plus lucrative que prévu, je vais directement porter le taxi et j'appelle un confrère pour rentrer directement chez moi. Ça me permet de transformer cette heure de voyage en heure de repos. À ce temps-ci de l'année, une petite heure ici et là, c'est toujours ça de pris.

Ça me permet aussi de discuter avec des confrères dans un contexte hors compétition. Je compare ma vision du métier avec la leur, on jase de nos bonnes courses, des maudits chantiers, du prix du gaz, des permis, des horaires qu'on se tape, du temps qu'il fait. Souvent je m'intéresse à leurs origines, je leur pose des questions sur la politique de leur pays, parfois je m'informe s'ils ont des enfants. On jase de la vie en général, quoi! On a beau être des concurrents sur la route, reste que nos vies sont pas mal parsemées des mêmes petites misères.

On n'a pas des vies ordinaires. Nos jobs ne sont pas des plus faciles. On ne sait jamais sur qui on va tomber, par quoi on va se faire frapper. On ne vit pas dans l'opulence et les nuits sont toujours longues. Pourtant, la plupart de ces chauffeurs qui me raccompagnent au petit matin me répètent bien souvent que, malgré tout, cette vie de taxi, ils n'en changeraient pas. Ça me réconforte toujours d'entendre ça. Ça me fait réaliser que je ne suis pas complètement fou! Merci pis bonne fin de nuit Monsieur le chauffeur.

La «soilée» du hockey

Hier soir, je roule sur René-Lévesque quand je vois cette dame asiatique lever le bras. Je me range sur le côté pour la faire monter et, dans un anglais approximatif, elle me demande de la conduire au coin de Milton et Sainte-Famille. Pour briser la glace, je lui dis :

— C'est pas chaud, hein ?

Comme elle ne répond rien, je n'insiste pas et remonte le son de la radio. Le Cé-Hache est en Caroline et, après une période, c'est toujours 0-0. C'est pas une longue course, et je me dis que la dame ne sera pas trop traumatisée d'écouter le hockey quelques minutes. On est presque à destination quand Komisarek compte son premier but de la saison. Spontanément, je lâche un YESSS ! bien senti. La dame me demande alors, dans un français encore plus approximatif que son anglais :

— C'est le hockey ? C'est les Canadiens ?

— Bien oui, Madame ! C'est 1-0 contre la Caroline ! lui dis-je avec un beau grand sourire du dimanche.

— Oh ! Les Hullicanes !

Je suis agréablement surpris. Jaser de hockey avec une vieille Chinoise, c'est certainement une première pour moi. Et, comme un hasard ne vient jamais seul, je me retrouve un peu plus tard dans le Chinatown et fais monter à bord une autre dame Chinoise qui veut aller à Longueuil. Elle a avec elle quelques sacs de bouffe encore fumante et ça prend pas deux secondes pour que ma bouche se remplisse de salive.

— Oh, Madame ! Vous allez me donnez faim vous là ! Vous en avez un peu pour moi là-dedans ?

Ça l'a fait rire mais, tout comme sa congénère, elle ne semble pas vouloir jaser outre mesure. En pensant à ce que je mangerais bien en revenant en ville, je remonte le son de la partie qui achève. Au fil de la course, elle m'indique quelles rues prendre et j'opine de la casquette à chacune de ses directives. Quand le match se termine, elle me demande :

— Est-ce que Latendlesse a malqué ?

Ça a fait ma soirée !

La paranoïa du prochain passager

« Le taxi de nuit, ça te fait pas peur » ? J'entends cette question une bonne douzaine de fois par semaine. À force, on s'invente des réponses toutes faites.

Souvent, pour y répondre, il y a cette anecdote que j'aime bien raconter.

Ça se passe il y a quelques étés. Je suis sur des Pins et j'attends pour tourner sur Saint-Laurent. Sur le coin opposé se trouve une espèce d'armoire à glace barbue avec un « coat » de cuir coupé aux épaules. Un bras, couvert de tatouages jusqu'aux ongles, est tendu bien haut. Il a dû perdre son Harley quelque part ; c'est la seule chose qui manque pour que le portrait soit complet. Un taxi ralentit et passe, un autre change de voie en regardant ailleurs, un autre ne ralentit même pas. C'est clair qu'aucun chauffeur sensé ne va s'arrêter pour embarquer la « bête » ! Sauf que, la « bête » en question, m'a « spotté » sur mon coin. Le voilà qui s'avance, en plein trafic, en me regardant dans les yeux. Il a l'air vraiment méchant. Je ne suis pas gros dans mes culottes quand la porte s'ouvre. Je pense que je vais rester poli. Il a la tête qui touche le plafond et les deux genoux qui accotent sur le tableau de bord. Je recule la banquette et, comme on est assis sur la même, ça me force à conduire sur le bout des pieds. Il me remercie, et me dit où il veut aller. Je clenche en masse. Il n'a pas du tout le profil type du client que je vais « niaiser » sur une jaune. Il semble apprécier. On commence à parler de choses et d'autres. J'évite des sujets tels que police, dope, guerre de motards, meurtre, même si je n'ai que ça en tête. La conversation se précise sur la pêche dans le bois au bord d'un lac. Tranquille. Je ne sens aucune agressivité en lui, même si c'est tatoué « KILL » sur les jointures de sa main gauche. Avant d'arriver à destination, il me demande d'entrer dans le stationnement d'un Tim Horton. Deux minutes après, il revient et me dit qu'il va faire le reste à pied. Il me paye et m'offre un café et deux beignes dans un sac ! Et c'est lui qui me remercie !

J'ai embarqué plein de mecs à cravate, qui n'avaient pas le dixième de la classe de ce gars-là. J'y pense quand même de temps en temps : je suis loin d'être à l'abri d'un enculé qui tuerait père et mère pour une dose. C'est peut-être le prochain client qui va me faire la peau. Va savoir ! Mais la paranoïa du prochain passager, trop peu pour moi. Il y a bien d'autres trucs sur lesquels jongler. Et, pour dire vrai, avec la quantité d'incompétents de la route qui ne cessent d'encombrer la ville, je risque beaucoup plus de finir dans de la tôle froissée qu'avec un coup de lame ou de feu.

Us et costumes

Dimanche dernier sur les petites heures du matin, je suis coincé sur un boulevard Saint-Laurent en chantier quand s'approche un couple déguisé. Ils se la jouent vampires à fond. Ils sont vraiment impressionnants. Superbes maquillages : il porte une magnifique cape en satin rouge et noir, tandis qu'elle semble moulée dans le latex de son ensemble. Ils ne sont pas sitôt montés dans le taxi qu'ils s'enlacent et s'embrassent frénétiquement. Je ne sais pas encore où on va, mais, vu l'allure du trafic, y'a pas de hâte.

Ça prend près d'une dizaine de minutes pour atteindre des Pins. Dans ma tête, ça ne fait pas de doute que ces deux-là ne se connaissaient pas avant le début de la soirée. À l'instinct, c'est un feu qui va brûler fort mais vite. Je toussote pour attirer leur attention, question de savoir si on va chez lui ou chez elle. Je les écoute négocier un peu, puis la fille s'avance un peu sur la banquette et me donne une adresse que je connais déjà.

Forcément, lorsqu'on attend toujours sur les mêmes postes, c'est normal de revoir régulièrement les mêmes clients. Comme dans n'importe quel commerce, on a des habitués et c'est tout à fait normal de développer des affinités avec certains d'entre eux. Justement, ça fait des années que je vais sonner à cette adresse, dans la Petite-Bourgogne, près du canal, où vit un charmant petit couple que j'amène régulièrement soit au resto, soit au cinéma. C'est toujours un plaisir renouvelé de jaser avec eux de choses et d'autres. Ils sont toujours très gentils, ne me font jamais attendre inutilement à la porte et ne sont pas chiches sur le pourboire.

On s'est reconnus en même temps. N'eût été son visage blafard, je crois que j'aurais vu le rouge lui monter aux joues. Prise en flagrant délit d'infidélité par le chauffeur! Je crois que j'ai été assez vite pour faire comme si je ne l'avais jamais vue de ma vie. Je me suis retourné vers la route sans mots dire. Mais le malaise était palpable sans bon « sang ». Je ne les voyais pas dans mon rétroviseur, mais je pouvais sentir que le feu brûlait un peu moins fort derrière moi. Je la sentais un peu plus rétive aux avances de conte Dracula. J'ai monté le son de la radio et suis descendu vers l'antre de Cruella.

À destination, ils n'ont pas attendu que le jour se lève pour sortir en vitesse du taxi. L'homme m'a donné un 20 $ et, du pas de sa porte, ma cliente m'a envoyé un salut de la main avec un regard qui disait merci. Je lui ai rendu son salut avec un regard qui disait y'a pas de quoi.

Sur la «Main»

Je pense que je vais mettre une croix sur le calendrier! Ça arrive régulièrement dans le cadre de mon travail d'avoir à mon bord des personnalités. Des gens de théâtre, de télé, des politiciens, des journalistes, des joueurs de hockey, des musiciens, des artistes, des gens connus, quoi! Mais avoir comme client un ex-premier ministre du Québec! J'en suis encore tout ému!

Dans la soirée, on me donne cet appel au 110, rue Atwater. Par expérience, je sais pertinemment que cette adresse correspond au marché du même nom, mais la répartitrice ajoute que les passagers m'attendent à la porte C. Je ne sais pas encore quelle connexion bizarre s'est faite dans ma tête, mais je me dirige de l'autre côté de la rue, au Super C. J'y reste quelques minutes avant de réaliser que je ne suis même pas à la bonne adresse. Je rappelle la centrale pour vérifier ce qu'on m'a dit exactement et me dirige en vitesse de l'autre côté de l'avenue. Je croise une jeune femme qui m'indique que mes clients m'attendent sans doute derrière le marché où une assemblée du Parti québécois vient de se terminer. Je la remercie et fais le tour, mais la rue derrière le marché est à contresens. Je fais donc une manœuvre pour reculer le taxi vers une femme qui s'avance avec une valise. J'ouvre le coffre et sors pour l'aider quand s'approche lentement vers nous cet homme qui fait déjà partie de notre histoire collective. Il s'aide d'une canne et peine à avancer, mais il a un sourire accroché au visage et discute avec des gens qui l'entourent. Ma cliente dépose alors sa valise et lui offre poliment sa place. Être arrivé ne serait-ce qu'une minute plus tôt, je n'aurais pas fait ce brin de causette avec l'honorable Jacques Parizeau.

— Je suis honoré de vous avoir à bord de mon taxi, Monsieur Parizeau.

— Bien, je vous remercie.

Bien sûr, le personnage tient du monument, mais je me suis rapidement senti à l'aise à ses côtés. Comme j'étais en congé le week-end dernier j'ai pu entendre l'entrevue qu'il a donnée dimanche matin à l'émission de Joël Le Bigot et la conversation s'est engagée à ce propos. Elle s'est poursuivie simplement, sans prétention et d'égal à égal. J'ai senti que cet homme était d'une authenticité qu'aucune télé ou radio ne pouvait rendre. Quand il vous parle, il vous regarde droit dans les yeux et ce n'est pas un regard fuyant que j'avais dans mon rétroviseur. Il m'a posé des questions sur mon métier, moi sur le sien. Je lui ai demandé s'il croyait que l'UFP allait faire mal au PQ. Il m'a parlé du RIN en 1966 qui avait empêché les libéraux d'être réélus. On a parlé de l'état des routes, de son état de santé.

— Vous savez, à 76 ans, on ne se déplace plus aussi rapidement!

— Bah! C'est surtout entre les deux oreilles que ça se passe, vous êtes loin de faire votre âge.

— Je ne le fais peut-être pas, mais je le sens en maudit par exemple! ajouta-t-il en riant de bon cœur.

Une vraie bonne conversation. À destination, j'ai éteint le véhicule et j'en ai fait le tour pour l'aider à en sortir. Il m'a serré la main et m'a demandé mon nom. Un geste et une rencontre que je vais garder en mémoire toute ma vie.

Poudré récurrent

Sur la « cruise » dans le bas de la ville, j'essaie de faire le tour des endroits où se trouvent des clients éventuels en tentant d'éviter le trafic, les travaux et m'efforçant surtout d'avoir le moins possible de confrères devant moi. L'art de tourner en rond finalement. Quand c'est calme, ça en devient presque un exercice zen ou du moins un bel apprentissage dans la pratique de ne pas péter les plombs.

En temps normal, j'aurais passé tout droit quand j'ai vu les deux hommes s'approcher de moi. Quand l'un des deux a du mal à se tenir droit et s'accroche à l'autre pour ne pas tomber, ce n'est jamais bon signe. Mais bon, je tasse le taxi sur le côté, question de laisser passer les véhicules qui me suivent, mais les deux hommes se foutent bien d'eux et s'amènent lentement en bloquant le passage. Ça se met à jouer du criard un peu plus loin, mais ça n'accélère pas le processus. La portière est ouverte depuis une minute, mais les deux gars s'obstinent, l'un des deux monte de peine et de misère alors que l'autre fait un doigt d'honneur à celui qui klaxonne.

— Eh boss ! Amène-nous au coin de Prince-Arthur et Saint-Laurent, mais va pas trop vite on a un peu bu !

— Pas de problème.

Quand on a des clients chauds, faut savoir doser entre prendre son temps pour ne pas que ça brasse trop et clencher pour s'en débarrasser le plus vite possible. Mais dans ce cas-ci, comme on me le demande, je m'efforce de lever le pied autant que possible en m'assurant de ne pas rater une rouge. Pourtant, je n'ai pas l'impression que les gars ont bu outre mesure. En fait, le mec n'aidait pas l'autre à se tenir debout, mais le forçait à venir avec lui pour poursuivre une soirée bien entamée. La conversation entre eux deux va dans ce sens.

— Faut que j'me lève de bonne heure demain, j'ai pas le goût d'aller là-bas, come on man, essaye de me comprendre!

— Voyons donc, une dernière petite tournée, ça ne te tuera pas! Moins vite, boss!

— J't'avertis : une bière, pis j'm'en vas!

— Ben oui, ben oui. Eille! J't'ai dit d'aller moins vite!

Ça ne prend pas la tête à Papineau pour comprendre que le gars a coulé son cours de respect 101. Dans mon rétro, je capte le regard de son chum qui a l'air un peu gêné. Je me renfrogne, mais je fais quand même ce que je peux pour ralentir encore un peu. En tournant le coin Saint-Antoine et Saint-Laurent, mon petit boss de bécosse lâche un « Tabarnaque! » Je me retourne pour lui demander c'est quoi le problème exactement, quand je me rends compte que le gars essayait de se sniffer une ligne sur l'écran de son cellulaire. J'me rends compte aussi que ce gars-là, je l'ai déjà eu comme client. C'est monsieur : « C'mon! Avance! Pèse dessus! Move it! T'es capable*! » qui vient de foutre un peu de poudre sur ma banquette. Je ris dans ma barbe en repensant à la dernière fois. Le gars semble toujours carburer à la blanche, il semble toujours ne pas se rendre compte à quel point il est pathétique et, comme la dernière fois, il sort de sa poche une palette de billets et me lance un 20 piasses en me répétant, encore une fois, de ralentir.

J'ai envie de lui dire qu'il était un peu plus pressé la dernière fois, mais à la place j'ôte mon pied de l'accélérateur et laisse l'auto avancer sur son élan. Ça en devient carrément ridicule

---

* Voir Trafic de poudrés, p. 103.

et le gars qui veut aller se coucher se rend bien compte que le niaisage a assez duré. Il me dit que ça va aller, que je peux poursuivre mon chemin normalement. Je sors de ma poche un 10 $ et le lui remets. La course ne devrait pas coûter plus de 8 $. Mais le poudré ne l'entend pas de la même manière. Il ne veut pas son change. C'est sa façon de traiter les autres, en leur fermant la gueule à coups de billets. En ce qui me concerne, il est hors de question que j'accepte servilement ce 10 $ supplémentaire. De toute façon, le gars à qui j'ai remis le change trouve également que c'est absurde, et la course va se terminer de la même manière qu'elle a commencé, avec une portière ouverte et deux mecs en train de s'obstiner.

Modifications

T'as mal dormi et t'as pas entendu sonner le réveil. Pas le temps de te raser, pas le temps pour un café, juste celui de pisser pis de t'en aller. Dans le métro, alors que tu t'enlèves la merde que t'as encore dans les yeux, une fille assise devant toi délaisse un moment son *24 Heures* pour te dévisager. Tu lui offres alors ton plus beau sourire, ce qui la fait retourner illico presto à son journal sur lequel une pub annonce l'ouverture du salon du char modifié. Tu t'avances un peu pour voir où ça se passe exactement, mais tout ce que tu vois, c'est une sorte de «peutoune» tout aussi modifiée que les autos derrière elle. Derrière le journal, la fille te re-dévisage et change impétueusement de page. Tu bâilles en songeant qu'on vit une époque formidable : chars modifiés, femmes modifiées, bouffe génétiquement modifiée, et que dire du climat. Bienvenue dans l'ère du modifié, songes-tu en continuant de bâiller.

Quelques centaines de bâillements plus loin, t'arrives au garage où le patron t'attend avec une contravention à ton intention. Tu t'étais fait coller y'a plus d'un mois devant un bar, en attente d'un client potentiel. Un policier t'avait demandé tes papiers et t'avais fini par croire que tu t'en sauverais. Tu te trompais. Quarante-deux piasses de plus dans l'enveloppe. De moins dans tes poches. Tu te dis que, de la manière dont c'est parti, ça va être une soirée géniale. Tu files un 2 $ au mécanicien qui te demande d'amener le taxi pour vérifier l'huile. Évidemment, le chauffeur de jour t'a laissé le taxi dans un état lamentable. Il a dû se taper le rallye Paris-Dakar une couple de fois, c'est sûr ! Tu fais le tour du bloc et, en sortant du

« Mali-boue », tu t'aperçois qu'il y a, bien cachée sous la crasse, une sale bosse sur l'aile avant. Le patron te demande alors de rentrer l'auto dans le garage pour débosseler tout ça. Depuis quelque temps, les inspecteurs du bureau du taxi sont sur les dents et n'en laissent pas passer beaucoup. Personnellement, tu t'en fous : ça fait en sorte que les véhicules que tu loues sont moins honteux, mais c'est le proprio qui paie la note et il verse sa haine sur ces bureaucrates. Le mécanicien n'a pas l'air beaucoup plus de bonne humeur de devoir se taper des heures supplémentaires. Pour alléger l'atmosphère, tu dis :

— Ça ferait une belle photo ! Le boss et le débosseur !

À leurs réactions, tu vois que ça ne sera pas nécessaire d'insister. Les deux sont à prendre avec des pincettes et tu décides donc d'aller remplir un seau d'eau pour laver l'auto. Ça te fera toujours ça de moins à payer. Une demi-heure plus tard, l'auto a presque l'air d'une neuve. Tu vas pouvoir faire ta nuit. C'est alors que tu t'aperçois que t'as oublié ton permis de travail chez toi. La journée étant ce qu'elle est, tu penses : « C'est sûr que je vais me faire prendre. » Tu retraverses donc une ville-chantier en pleine heure de désappointe en te répétant :

— Faut pas que je m'énerve, faut pas que je m'énerve, faut pas que je m'énerve...

Après une grosse heure dans un inqualifiable trafic, t'arrives chez toi complètement à cran. Tu penses te faire un café bien fort, mais tu changes d'idée et tu retournes te coucher, regagnant ainsi un peu de la journée qui était sur le point de te faire perdre ta nuit, de te faire perdre la tête. Tu le sais, ton organisme s'en est trouvé bénéfiquement modifié.

Histoires à la course

Le chauffeur vient de négocier une course avec ces quatre jeunes gens. Il est d'accord pour les amener dans le nord de la ville pour vingt piasses. La soirée est tranquille. Quand on lui demande un « deal » au départ d'un voyage, il est conciliant.

Le jeune homme vient de passer quelques mois en Asie. Il a nagé dans le Mékong, a fumé de l'opium dans le Triangle d'or. Dans un café d'Ho Chi Minh, il a oublié un pack-sac. Rien de trop important, sinon son journal de bord. Les mots de son périple.

Elle me raconte l'histoire d'un autre chauffeur, je lui raconte l'histoire d'un autre client. Ça se passe sur la rue Ontario, entre Saint-Léonard et le Viêtnam.

La course se passe bien. Le chauffeur connaît bien le secteur, évite ici et là quelques lumières, brûle quelques jaunes. Le « yo » assis à côté de lui joue avec les boutons de la radio. Même si ça l'énerve, il le laisse faire. Dans dix minutes ça en sera fait d'eux.

Sans rien espérer, il a fait traduire un tract qu'il distribue un peu partout dans la ville. Il offre une récompense à qui ramènera son journal. Il l'affiche dans des cafés, dans des hôtels et des restos. Dans ce journal se trouvent des mois de sa vie. Des instants privilégiés figés par l'écrit.

Ma cliente est aussi jolie que la nuit. J'écoute son histoire qui n'est pas la sienne, elle écoute la mienne qui vient d'un client de la veille.

À destination, le « deal » ne tient plus. On n'offre qu'un dix au chauffeur qui se rebiffe. On le menace, il appelle la police. Trois se poussent, une reste.

On frappe à la porte de sa chambre d'hôtel. Quelqu'un a retrouvé son journal et le lui rapporte. Ce n'est pas le sien.

Elle pourrait être ma fille, si j'avais été père à l'âge qu'elle a. Je hume son parfum et bois ses paroles. Elle apprécie ma conduite. J'essaie de bien me conduire.

La police arrive et celle qui est restée accuse le chauffeur d'avoir essayé de lui toucher les seins. Il est outré. Elle est convaincante. Les policiers passent les menottes au taximan.

C'est un journal écrit dans une langue qu'il ignore. Il donne quand même un petit quelque chose à celui qui le lui a apporté et ramène dans ses bagages le cahier pour essayer de décoder ce qu'il recèle.

On a beau se raconter des histoires, la course achève. Je lève le pied, fais durer le moment.

La police est sur le point d'embarquer le chauffeur quand se présente un homme qui observait la scène de sa fenêtre. Sa version rétablira les faits.

Dans le journal qui s'avérera danois, le jeune homme trouvera l'adresse d'une Danoise ravie de retrouver ses mots.

Une histoire dans l'histoire de l'histoire. Des mots, des vies, une nuit, une course. Voilà.

Humour bête

La porte s'ouvre. Un immense rottweiler saute dans le taxi et vient me lécher la face. Il s'en donne à cœur joie et m'inonde l'oreille de bave. Il retourne derrière renifler la banquette, revient devant me lécher la main, retourne derrière se cogner le museau dans la vitre, revient devant me remettre un autre coup de langue. Le temps que son maître prenne place, le clébard a eu le temps de sentir ce qu'il y avait à sentir et je me dis que j'ai bien fait de mettre une paire de bobettes nettes avant de partir.

— Ça te dérange pas, les chiens?

— J'vais te dire, je préfère les chiens à certains clients que j'embarque quand les clubs se vident.

— Hahaha! J'en doute pas!

— Par contre, j'détesterais pas que certaines clientes viennent me faire des mamours de même dins oreilles.

— Si la prochaine que t'embarques te fait ça, elle va trouver que tu goûtes drôle.

— Ouain, l'after-shave au Milk-Bone ça a pas trop la cote.

On étaient tous les deux ben crampés. Le chien, auquel j'avais fait une craque dans la vitre, est revenu dans le taxi pour voir ce qui se passait avant de retourner prendre l'air. Le gars l'amenait avec lui au boulot pour faire plaisir à des patients du Centre Saint-Charles-Borromée sur René-Lévesque. Institution qui a fait les manchettes il n'y a pas tellement longtemps. C'est là que certains préposés s'en prenaient physiquement à des bénéficiaires.

— Hum! J'imagine que la zoothérapie, c'est un peu plus efficace qu'une claque en arrière de la tête.

— Pas de doute. Pis, pour laver un bénéficiaire, c'est dur à battre.

J'en ai presque mouillé mes bobettes.

La vieille malcommode

C'est vendredi soir et les magasins viennent de fermer. La circulation est dense et on fait ce qu'on peut pour éviter les bouchons. Je fais monter cette dame sur la rue Peel, devant un restaurant. Une amie bien intentionnée l'aide à monter dans le taxi, en me demandant d'en prendre soin. À vue de nez, la septuagénaire a un petit coup dans le sien, mais ce n'est rien comparé aux piliers de bars que je vais me taper plus tard dans la nuit.

Vu l'âge vénérable de ma passagère, j'essaie de ne pas trop faire le «cowboy» pendant le trajet. Elle veut aller dans le quartier Rosemont, et l'itinéraire idéal à partir de l'endroit où l'on se trouve est sans conteste celui qui monte directement vers le nord : Peel, Docteur-Penfield, du Parc et Van Horne qui devient Rosemont après Saint-Denis.

Tout en roulant, j'y vais de quelques politesses d'usage sur sa soirée et sur le temps qu'il fait. Plus ça va, moins la dame répond à mon soliloque. Dans le rétroviseur, je la vois cogner des clous et, comme je ne veux surtout pas qu'elle s'endorme, je freine un peu abruptement au feu qui croise l'avenue du Parc et Duluth. La vieille relève la tête et dit, assez agressivement :

— C'est pas le chemin que je prends d'habitude !

— Inquiétez-vous pas, Madame, j'essaie juste d'éviter le trafic ! On va se rendre à bon port, vous allez voir, ça va bien aller !

Mais, au lieu de la rassurer, ma réplique a plutôt l'effet de la contrarier encore plus.

— Voulez-vous ben me dire où c'est qu'on est là ? C'est pas le chemin que je prends d'habitude !

— Madame, on est sur l'avenue du Parc, on monte vers…

— C'est pas le chemin que je prends d'habitude !, répéte-t-elle en haussant le ton.

— Quel chemin vous prenez d'habitude, ma bonne dame ?

— J'le sais pas, mais c'est pas le même chemin que d'habitude !

— Pis qu'est-ce qui vous dit que ce chemin-là sera pas plus vite que celui que vous prenez habituellement ?

— Non, c'est pas par icitte pantoute que je passe d'habitude ! Vous essayez de me perdre ! D'habitude, j'passe jamais par icitte !

Plus j'essaie d'être calme et poli avec la dame, plus elle se rebiffe. Je tente patiemment de lui expliquer l'itinéraire, le temps que ça va prendre avant d'arriver, mais rien n'y fait. Elle est convaincue que j'essaie de l'arnaquer.

Grâce aux bons soins de certains chauffeurs aimant étirer leurs courses, la méfiance des gens à notre égard est omniprésente. Il faut souvent justifier tel ou tel itinéraire et parfois certains clients sont tellement convaincus qu'on essaie de les « avoir » qu'ils nous font prendre des trajets beaucoup plus longs que ceux qu'on aurait pris. On a l'habitude de ces présomptions et, à force, on s'habitue, même si ça ne fait pas toujours des courses chaleureuses. Pourtant, dans ce cas-ci, la vieille est soit de très mauvaise foi, soit un peu perdue à cause de l'alcool.

— Vous allez me débarquer icitte ! Pis ça presse !

— Voyons donc, Madame ! On arrive presque à Van Horne, vous avez déjà plus de la moitié de fait !

— J'veux débarquer, bon !

À ce point-ci, ça me démange pas mal de tasser le taxi pis de la foutre dehors. Cette femme est l'archétype de la vieille malcommode qui doit faire chier pas mal de monde dans son entourage. Pourtant, j'ai quand même le sentiment que l'alcool fausse les données. Comme la diplomatie ne semble pas être son fort, je décide donc d'adopter son ton.

— Eille ! Ça fera, les enfantillages ! Calmez-vous, là ! Madame. Votre amie m'a demandé de vous amener chez vous, pis c'est ça que je vais faire. Ça finit là !

— Ben si vous pensez que vous allez me parler sur ce ton-là !

— J'vous parle sur le même ton que vous ! On essaie d'être gentil pis de faire sa job comme du monde, pis on finit par se faire engueuler !

— Si vous pensez que ça va se passer de même ! Vous avez pas fini avec moi ! Vous allez avoir de mes nouvelles, j'vous en passe un papier !

— C'est ça, Madame. C'est ça !

Elle continue de s'énerver et de m'invectiver. J'endure en l'ignorant et en appuyant un peu plus sur le champignon. Sur le viaduc Van Horne, je me fais une belle image mentale de ce que ce serait si je la mettais dehors, juste ici. Je ris dans ma barbe, et ça m'aide à poursuivre cette course avec cette mégère qui continue de gueuler.

Alors que je me rapproche de son adresse, elle baisse peu à peu le ton, mais elle reste tout de même de mauvaise foi.

— Si vous pensez que j'vais payer pour ça !

— …

— Ça me coûte jamais plus que dix piasses.

— …

— En tout cas, vous allez avoir de mes nouvelles!

— Tant qu'à vous répéter, redonnez-moi donc votre numéro de porte.

— P'tit maudit baveux!

— On est arrivés, Madame. Ça fait quatorze dollars et cinquante. S'il vous plaît.

— Ça me coûte jamais plus que dix piasses.

— Arrêtez de radoter, Madame, pis payez-moi.

À ce moment-là, je pense que, si elle avait pu, elle m'aurait sauté au visage. Je m'en veux un peu d'avoir à jouer au dur avec cette pauvre vieille, mais elle ne m'en donne pas tellement le choix. Au moins, elle est rendue devant sa porte, et ma conscience est tranquille. Sauf que je ne suis pas au bout de ma peine. Elle ne veut pas me payer plus que dix dollars et elle refuse de me donner son billet de vingt.

— On y passera pas la nuit, là, Madame! J'vous ai amenée à votre adresse, vous me payez! Y'a rien de compliqué là-dedans!

— Vous allez entendre parler de moi!

— Ben oui, ben oui. Payez-moi, astheure!

— Non!

Là, mes réserves de patience commencent sérieusement à s'amenuiser. J'ai une grosse envie de sortir du taxi pis de la sortir à coups de pied au cul. Je tente alors un dernier coup de bluff. Je réembraye le taxi et me mets à avancer.

— OK, Madame! Vous l'aurez voulu! On s'en va au poste! On va aller régler ça là-bas! Pis je vous le dis tout de suite, je laisse mon compteur rouler. Ça va faire, le niaisage!

Évidemment, j'ai autant envie d'aller au poste de police que de me faire arracher une dent, mais je n'ai plus d'autre recours. Heureusement, comme je l'espérais, la vieille me demande d'arrêter le taxi illico. Je tends la main et elle y met le billet de vingt dollars. Je lui rends sa monnaie et j'attends qu'elle sorte. Je me rends alors compte que je ne suis pas parti de là si je ne l'aide pas un peu. Avec ce qu'elle vient de me faire endurer, je suis loin d'en avoir envie, mais bon, je reste professionnel jusqu'au bout. J'arrête le taxi, en sors et en fais le tour pour aller lui prêter un bras de secours. Je la sens toujours revêche, mais au moins elle a cessé de maugréer. Je l'aide à se mettre sur pattes et à marcher jusqu'au trottoir qui mène au pied de sa porte, où je la laisse, en lui demandant si ça va aller à partir de là. Elle me regarde alors et me dit :

— Vous allez avoir de mes nouvelles !

— Ça m'a fait plaisir, Madame. Bonne soirée, là !

Elle s'est tournée vers son logis en continuant de chialer à mon endroit. J'ai regagné mon taxi en m'assurant qu'elle était bien entrée, puis je suis passé au cas suivant.

Intersections

Des pars de char

Les «boys» nous attendent dans le parking de la taverne Magnan. Ils ont demandé trois taxis et, quand j'arrive, y'a mon chum haïtien Carlo qui décolle avec le premier quatuor. L'autre taxi arrive derrière moi, et le reste des gars nous attendent déjà. Il y en a un de la gang qui s'est vautré dans la haie de cèdre qui ceinture la terrasse. Il a l'air d'être sérieusement à côté de ses pompes et je ne suis pas sûr d'avoir envie qu'il monte dans mon char. Ses amis l'aident à marcher et, plus il avance, plus je cherche dans mes affaires si je n'ai pas un petit sac «au-cas-où» à lui filer. Une fois qu'il se trouve à mon bord, je me tourne et lui dis:

— Si tu t'sens pas bien, tu m'le dis. J'vais me tasser sul bord d'la route.

— T'inquiète pas. Si chus malade, j'vas vomir sur mes chums, y'ont toute des grandes poches après leurs coats.

Qu'il soit capable d'aligner deux trois mots me rassure sur l'état de son estomac. Je vois dans sa face qu'il niaise plus qu'autre chose et je décolle en direction du club de danseuses les Amazones, sur Saint-Jacques dans NDG.

— Êtes-vous marié, monsieur? me demande le vautré.

— T'es-tu malade! Je tiens à ma santé mentale!

Les autres mecs dans le taxi se mettent tous à rire et m'apprennent qu'ils sont en train de fêter l'enterrement de vie de garçon de monsieur Haie.

— Vous êtes encourageant! me dit ce dernier.

— Ben, je te souhaite une dernière bonne soirée! Hahaha!

Euphorie dans l'auto, les gars ont du fun. L'autre taxi me suit de trop près. On a dû lui dire : « Suivez cette voiture ! » Comme je suis dans mon secteur, je connais bien le chemin et je sais où il faut clencher pour ne pas être pris entre deux feux. Je slalome entre les autos sur Saint-Antoine et je ris dans ma barbe quand je vois dans mon rétroviseur l'autre taxi s'arrêter au rouge au coin de Green.

Les gars parlent de leurs rosbifs du Magnan, de voile sur le lac Champlain et du frère assez éméché de l'enterré qui est dans le taxi que j'ai semé.

— Y'é-tu marié ton frère ? que je demande avec ce qu'il faut de sarcasme dans le ton pour qu'il ne le prenne pas personnel.

— Eille ! y'é donc ben baveux, c'te chauffeur-là ! me répond-il avec ce qu'il faut d'ironie pour que tout le monde continue d'avoir du fun.

Je continue de clencher en suivant le rythme des lumières sur Saint-Antoine jusqu'à ce qu'elle redevienne Saint-Jacques en montant vers Décarie. Les gars sont impressionnés par ma conduite et, pour tout dire, je fais un peu le « show-off ». Qu'est-ce qu'on ne ferait pas pour un tip ! Quand j'arrive près du bar, je vois Carlo, qui est parti de la taverne un bon deux minutes avant moi, stoppé à Cavendish. Quand la lumière change, je le dépasse dans la voie de droite en frôlant le miroir de sa Volvo et j'arrive aux Amazones bon premier dans le délire total.

Alors que le taxi se vide, je me tourne vers le futur marié :

— J'dis ben des niaiseries, mais je te félicite. C'est un moment important pour toi, je te souhaite juste du bon !

Le gars me regarde, pas trop sûr si je le niaise ou pas. On se serre la pince et un de ses potes me file 25 $ avec une bonne tape dans le dos.

Alors que je remets mon compteur à zéro, Carlo s'arrête à côté de moi et me demande par où je suis passé.

— Ah ben là, mon vieux, si je te dévoile tous mes secrets! que je lui réponds la gueule fendue jusqu'aux oreilles.

— Méchante gang de malades, ceux-là! Pas de pourboire en plus! Tu retournes au 74?

— Bah! J'pense que je vais aller manger un morceau.

Je n'ai pas osé lui dire qu'on venait de me donner dix piasses d'extra.

— Ben à plus tard, Léon!

— Salut Carlo! Fais attention à toi.

On est repartis avant que l'autre taxi arrive. J'espère que le frangin n'y a pas fait de dégâts…

Maux de tête

Ça se passe vendredi, en soirée. Ce n'est pas à tout casser pour un début de fin de semaine. J'ai un taxi qui roule bien mais qui laisse entrer dans l'habitacle beaucoup d'émanations. J'ai mal à la tête et mon attitude n'est pas des plus conciliantes, sur la route et envers mes passagers. Ça arrive.

Je roule sur Notre-Dame près de Guy quand j'aperçois ce type avec le bras levé. Je souris car on dirait qu'il sort d'un mauvais film de gangster. Plus je m'approche, plus je me demande si ce n'est pas déjà l'Halloween. Une espèce de croisement entre Al Capone et les méchants dans *Dick Tracy* ou *Roger Rabbit*. Une caricature, quoi! Sauf que, quand il embarque dans le véhicule, je me rends vite compte que le gars se prend vraiment au sérieux. Il m'ordonne avec un faux accent italien d'aller un peu plus loin sur Notre-Dame et d'attendre dans une entrée de garage. Il est accompagné d'une jeune fille au regard ahuri qui a l'air de vouloir être ailleurs. Il la traite comme un sac à merde en lui demandant, dans sa parodie du *Parrain*, pourquoi elle a oublié quelque chose qui m'échappe dans l'appart.

J'attends donc cet abruti qui se la joue maffieux près d'une dizaine de minutes et je n'ai vraiment pas la tête à ça. La fille assise derrière ne dit pas un mot et, en ce qui me concerne, ça me convient parfaitement. Quand mon truand revient, il ouvre la porte à côté de moi, prend ses aises, recule la banquette, l'avance, me regarde, l'air de dire : «c'est quoi ce taxi de merde?» Il fait son cirque et je l'observe en serrant les dents.

Après quelques secondes de son manège, il se tourne vers la fille et lui dit de débarquer. Les deux se dirigent vers la rue pour héler un autre taxi. Avec le recul, je me dis que j'aurais dû les laisser partir et passer à autre chose. Bon débarras, quoi! Mais, sur le moment, je suis plutôt énervé et je sors du taxi.

— Où c'est que tu penses que tu t'en vas de même? Prends un autre taxi si tu veux, mais tu vas me payer ce que tu me dois! Le compteur indiquait sept dollars. Il retraverse la rue en roulant les mécaniques et me répond en laissant tomber son accent bidon:

— Tu penses que je vais payer parce que t'attends? Pis qu'est-ce tu vas faire sinon? Appeler la police?

Là, j'ai eu comme une grosse envie de lui sauter au visage. Mais ma frustration ne s'est exprimée qu'en parole. Erreur…

— Non, mais j'pense que je vais te clencher!

Le gars n'en attendait pas tant. Il m'a sorti deux crochets de droite avant de s'éloigner un peu. Je suis sonné, mais pas assez pour ne pas répliquer:

— Tu frappes comme une femelle.

Évidemment, je suis un peu frustré de ne pas lui avoir servi une correction digne d'un film de Scorsese, mais j'ai la nette impression que ma réplique a eu plus de portée qu'un uppercut de la gauche. Il revient vers moi qui bêtement regarde plutôt du côté de la rue pour voir s'il n'y aurait pas un confrère ou une police qui passerait par là.

Il me sert alors un autre crochet qui m'atteint derrière la tête. Encore là, je ne passe pas aux gestes mais prends mon cellulaire et appelle le 911 en lui disant qu'il est stupide, car je sais où il reste. J'ai beau avoir reçu trois coups de poing sur la gueule, je reste stoïque. Et, plus je reste calme, plus il s'énerve. Il me dit qu'il a de la famille dans la maffia, etc.

— C'est ça, ouais. Allô ? Pouvez-vous m'envoyer une police au coin de...

Je n'ai pas eu le temps de filer les coordonnées qu'il m'arrache mon téléphone et le lance au bout de ses bras dans la rue. Je me dirige alors vers mon véhicule pour appeler un code 13. Mon agresseur en profite pour partir en courant. On dirait que j'émerge et commence enfin à réagir, mais pas de la bonne façon. Je démarre le taxi et pars après lui. En tournant le coin de Guy, je le vois filer à travers le parking derrière les condos. La fille, qui a toujours le même air ahuri, est sur le trottoir et je lui dis qu'elle est dans la merde.

— J'le connais même pas, c'te gars-là ! Visiblement, elle a l'air dépassée par ce qui se passe et on dirait qu'elle est sur le point de pleurer.

Je fais demi-tour pour essayer de rattraper le mec de l'autre côté du stationnement. Je bouillonne mais ne réfléchis pas trop clairement. Tout ça s'est passé très vite. L'adrénaline pompe en masse et, dans ma tête, j'me vois déjà écraser le gars avec mon char. Je fais des demi-tours pour essayer de le retrouver et, quand je l'aperçois, il se dirige vers moi. J'ai le sentiment qu'il ignore que c'est moi. Il veut juste se pousser dans un autre taxi. Quand j'arrive à sa hauteur, je passe proche de commettre l'irréparable, mais je poursuis mon chemin. Toutefois, je décide de lui croquer le portrait et sors mon appareil photo. Je m'arrête un peu plus loin et mon « gangster », qui ne semble toujours pas m'avoir reconnu, court dans ma direction pour pouvoir monter à mon bord. Lorsqu'il arrive à la hauteur du véhicule, le flash de la caméra éclate et je redémarre aussi sec. Il a quand même eu le temps d'ouvrir la porte de derrière. Je m'arrête donc de nouveau et réembraye à reculons afin donner assez d'élan au taxi pour que la porte se ferme d'elle-même quand je refreine. Encore là, ce n'est pas l'envie qui manque de faucher mon agresseur. Mais la raison l'emporte sur l'émotion. J'ai sa photo, j'ai une petite idée de l'endroit où il reste. Il n'a pas fini avec moi.

Je redécolle de là, toujours assez bouillant, et j'essaie tant que bien que mal de faire descendre la pression. Ça ne prend pas une minute que trois jeunes m'arrêtent un peu plus loin, devant l'ÉTS, direction le Vieux-Montréal.

De là, je suis reparti avec une autre course, et mon idée première d'aller au poste de police le plus près s'est vite remplacée par celle d'aller chez moi me chercher une couple de Tylenol. En route vers l'appart', je m'arrête sur les lieux de l'incident pour récupérer la puce-mémoire de mon téléphone dont les pièces sont dispersées sur Notre-Dame.

Chez moi, j'observe mon visage dans le miroir et je ne vois pas trop de dommages. Une marque rouge dans le cou, une petite bosse derrière l'oreille. Rien pour aller perdre une nuit à l'urgence. Aujourd'hui, je suis content de ne pas avoir mal aux mains pour vous écrire cette aventure. Mais je ne suis pas très fier de moi. Je suis convaincu que, si j'avais gardé mon calme, rien de cela ne serait arrivé. Après tout, ce sont mes menaces qui ont mis le feu aux poudres. J'ai manqué une bonne occasion de me la fermer. Mais bon, j'ai la tête dure et j'en ai vu d'autres.

L'heure de désappointe

Je suis avec un client pressé qui ne veut pas manquer son vol et qui est loin d'être au septième ciel. Il pousse de grands soupirs et stresse sans bon sens. Je comprends qu'avec toutes ces nouvelles vérifications dans les aéroports c'est pas évident, mais l'homme aurait dû prévoir que cinq heures et demie, ce n'est pas le meilleur temps pour être en retard.

C'est l'heure de pointe, et la 20 ressemble à un gros parking. Ça avance au compte-gouttes et je ne suis même pas encore à l'échangeur Turcot. Encore chanceux que mon client profite du tarif fixe pour la course. À ce rythme, le prix au taximètre serait beaucoup plus élevé. Comme d'habitude, il n'y a qu'une seule personne dans plus des trois quarts des véhicules. Je ne suis pas au meilleur endroit pour apprécier les vertus du transport en commun, ni celles du covoiturage. Sur l'autoroute des Laurentides, on a aménagé, il y a quelques années, une voie réservée pour les autobus, les taxis et les autos où se trouvent au moins deux personnes. Une idée qui devrait faire beaucoup plus de chemin. Ici, la configuration ne le permet pas. Y'a pas de miracle, Ville-Marie et Décarie se vident sur une autoroute qui réduit d'une voie un peu plus loin, à l'approche de l'accès pour le pont Mercier. Conçu dans les années soixante, le système autoroutier montréalais est depuis longtemps obsolète. Ça fait combien d'années qu'on promet une autoroute de contournement à l'extérieur de l'île ? Ces convois de camions qui n'ont pas le choix d'entrer en ville sont de trop dans le décor. Ça alourdit le trafic sans commune mesure, et l'impact environnemental est aussi lourd de conséquences.

C'est ce que je tente d'expliquer à mon passager qui semble beaucoup plus intéressé par sa montre. J'aurai beau faire mon gros possible pour prendre la voie qui avance le plus vite, c'est clair que je fais partie de la raison de son retard. À la radio, le chroniqueur à la circulation parle d'importants ralentissements sur tout le réseau et, dans mon rétroviseur, je regarde mon retardataire grimacer.

C'est de peine et de misère qu'on arrive enfin à l'aéroport Trudeau, où c'est évidemment la cohue. J'aide mon client avec ses bagages. Il doit être en classe économique, car il ne me donne pas une maudite cenne de pourboire. Mentalement, je lui souhaite une fouille en règle, de celles où ne se sert pas de gants blancs. Je prends mon mal en patience et je retourne dans mon taxi jouer dans le trafic.

«Fabulous» constat

Je suis coin Saint-Denis et Rachel, attendant que la lumière change pour tourner à droite vers l'est. Sur le trottoir, attendant l'autobus, se tient une jolie Asiatique qui profite des dernières douceurs que nous offre l'été pour porter une robe qui fait que mon regard s'oriente vers l'Orient. Je me mets à rêver d'une nuit avec l'Asiate, bien que je sache qu'elle rimera plutôt avec asphalte. Dur, dur.

Quand je m'avance pour tourner, un véhicule arrive en trombe et vient me couper. Je suis déjà engagé dans mon virage mais l'autre insiste et, bien qu'il n'ait plus de place pour passer, il continue d'avancer et vient s'encastrer dans mon pare-choc. Alors que je me demande à quelle sorte d'imbécile je me frotte, il pousse l'imbécillité encore plus loin en continuant d'avancer, « scrappant » ainsi ses deux portières et son aile arrière. J'en reviens juste pas! Sur le trottoir, je capte l'air ahuri d'un piéton qui me regarde en se tapant le front. Je me pince l'arête du nez en secouant la tête. Je me vois déjà perdre une grosse heure pour remplir un maudit constat à l'amiable.

— Mais quel hostie d'crétin que té, toé? que je lance au mec en sortant du taxi. À son air, je me rends compte qu'il pige que dalle. L'auto a une plaque de l'État de New York. Je pense alors que le gars doit ignorer qu'on ne peut pas tourner à droite sur une rouge.

— I thought you were waiting for somebody on the sidewalk! me répond le mec, alors que sort de l'Audi son petit ami avec un bichon dans les bras. Ils portent sur eux des vêtements qui doivent valoir le prix de ma garde-robe complète. À leur regard, je ne dois pas leur paraître trop « fabulous », mais l'éraflure qui fait la longueur de leur auto l'est encore moins. De mon bord, j'ai une petite égratignure sur le pare-choc. Rien pour faire pogner une crise à mon boss.

Je commence néanmoins à chialer que j'ai des comptes à lui rendre et, comme je n'ai pas la moindre idée de ce que vaut un constat amiable pour un Amerloque, je leur dis qu'il va falloir aller au poste de police pour remplir un rapport pour leurs assurances. De suite, je sens que ça ne leur tente pas trop d'y aller. Le chauffeur regarde son auto et me dit :

— You know what? It's only cash.

Je reste bouche bée ! Il doit y avoir facilement pour plus de 2000 $ de dommages. Mais le type a dans les pieds des pompes qui doivent à peu près valoir ce prix. De toute évidence, il n'a pas l'air achalé avec l'argent et l'idée d'aller perdre une heure au poste 38 n'a pas l'air de l'enchanter outre mesure. Ça adonne bien, moi non plus. Avec désinvolture, il me dit d'oublier ça. J'en demandais pas tant !

Pannes

Dans la nuit de vendredi à samedi, le taxi s'est mis à avoir le hoquet. À l'accélération, l'arrivée du gaz se faisait par à-coups et l'auto finissait par étouffer. J'ai beau entamer ma quinzième année de métier et chauffer depuis plus de vingt-cinq ans (dit de même, ça me file un sacré coup de vieux), mes compétences mécaniques sont assez rudimentaires. *Grosso modo*, j'arrive à déterminer d'où vient le bobo, mais vous ne me verrez jamais la tête sous le capot, sauf pour mettre du lave-glace, «tchèquer» l'huile, et pis encore… À chacun son métier, quoi! Était-ce un problème avec l'essence? Avec les injecteurs? Avec la pompe à gaz? Heul sais pas! J'arrivais à redémarrer et faire quelques kilomètres tranquillement pas vite, mais dès que j'appuyais un peu trop dessus, je retombais en panne et, plus ça allait, plus j'avais de la difficulté à le repartir. Faque fuck! Direction le garage. Pas question que je reste immobilisé dans le gros trafic du vendredi soir, dans une bretelle d'autoroute ou tout autre endroit tout aussi passionnant. Ça m'aurait fait autrement plus chier que de perdre cette nuit d'ouvrage.

J'ai donc remonté lentement Saint-Denis vers le nord en faisant des sourires à ceux qui me dépassaient en klaxonnant et me criant des injures, et suis allé parquer le taxi sur la rue où je le loue. J'ai laissé les clefs et une note expliquant le problème dans la chute et me suis dépêché pour attraper le dernier métro. De retour à l'appartement, je me suis servi un bon bourbon et me suis affalé devant la télévision. Entre les reportages sur le cinquième anniversaire de 9-11, les films plates, les publicités de «pitounes 1 800» et autres conneries, je me suis vite rendu compte que tout ça ne valait pas le spectacle que la rue m'offre soir après soir.

Le lendemain, je suis arrivé au garage assez tôt, question de reprendre les heures perdues, mais une mauvaise surprise m'attendait. Le gérant du matin s'était fourvoyé dans sa liste et avait loué tous les taxis. Le boss avait l'air sincèrement désolé et je ne l'ai pas pris personnel. Je suis allé prendre un belle grande marche à travers la Petite-Patrie et Rosemont et je suis allé voir mon vieux pote Luc qui partait en vacances. On s'est tapoché une couple de bonnes bouteilles puis je suis revenu avec un chauffeur grec préoccupé au téléphone. Moi je regardais le spectacle de la rue en me demandant ce que j'écrirais bien de bon sur *Un taxi la nuit*.

Je vais continuer d'y penser un peu...

La première fois que je l'ai vue, il devait bien faire facilement 25 degrés sous zéro. C'était un soir de semaine, et le froid faisait en sorte qu'il n'y avait pas grand-monde dans les rues. Je rôdais autour du terminus quand j'ai aperçu ce petit bout d'être flâner sur un coin. Elle n'était vêtue que d'un kangourou et d'un coupe-vent. Pas de tuque, pas de mitaines, pas du tout l'allure d'une fille qui se cherche un client, juste quelqu'un qui n'a pas l'air d'être à sa place. Surtout pas dans ce froid. Elle a capté mon regard et j'ai arrêté mon taxi à sa hauteur. J'ai ouvert la fenêtre de l'auto pour lui demander si ça allait.

Elle grelottait et les mots ne semblaient pas vouloir sortir de son visage gelé. Elle faisait pitié à voir. Je lui ai fait signe de monter à bord et elle ne s'est pas fait prier. J'ai monté le chauffage et me suis mis à rouler.

Tellement vulnérable, tellement fragile, elle avait l'air d'une enfant. Le visage caché dans le capuchon de son kangourou, elle restait muette aux questions que je lui posais. Son silence m'en disait beaucoup plus que j'aurais voulu savoir. Comme je me taisais à mon tour, elle se tourna vers moi. Jamais je n'oublierai ce regard. Rougi par le froid, son visage mettait en évidence l'émeraude de ses yeux, cernés par les poils de ses cils givrés.

Son regard et son attitude me racontaient une histoire banale qui se reproduit à tellement d'exemplaires qu'on n'y fait plus attention. Le parcours d'une jeune ado qui a déserté la maison familiale pour se retrouver au terminus Voyageur. Elle quittait un père violent, probablement incestueux. Elle quittait une mère soumise, involontairement complice. Ailleurs ne pouvait pas être pire. Elle n'avait plus grand-chose à perdre, n'avait plus de comptes à rendre, plus de confiance pour personne. La rue devenait son refuge.

J'ai vite compris qu'au-delà de ces quelques minutes au chaud je ne pourrais rien pour elle. Je l'ai ramenée au Dunkin' Donuts près du terminus en lui filant quelques dollars. De quoi se payer quelques cafés, le temps que la nuit passe.

⌣

Je suis retombé sur elle l'été suivant. En descendant Saint-Denis, je l'ai aperçue au coin de Marie-Anne, un «squeegee» dans une main et l'autre tendue. J'ai fait le tour du bloc et me suis garé pas très loin. Je suis allé m'asseoir à la pizzeria faisant l'angle, pour pouvoir l'observer à travers la vitrine. Elle s'était fait teindre les cheveux en rose. La même couleur que ses collants et son t-shirt déchirés. C'est à ce moment que je l'ai baptisée «Pink-Punk». Ça lui collait bien. Je l'ai regardée pendant presque une demi-heure danser entre les voitures et les passants sur le trottoir. Elle faisait ça avec enthousiasme, en souriant à ceux qui lui donnaient un peu de monnaie. À la voir aller, elle semblait avoir bien apprivoisé la rue. J'ai fini ma pointe et, quand je suis sorti du restaurant, Pink-Punk s'est approchée de moi en me tendant la main. J'ai mis la mienne dans ma poche en prenant bien mon temps, question d'apprécier son sourire et ses magnifiques yeux verts.

Je me suis abstenu de lui parler de notre première rencontre. En fait, je ne lui ai que rendu son sourire en même temps qu'une poignée de change. Avant de se tourner vers un autre piéton, elle m'a rapidement remercié et, quelque part dans son regard, j'ai vu qu'elle avait peut-être réussi à se trouver une petite place au soleil.

Le temps a passé et le souvenir de Pink-Punk s'est peu à peu estompé. À force de côtoyer les gens de la rue, on en vient inexorablement à perdre son humanité. Une façon de se protéger quelque part. Avec les années, des punks, des pauvres, des drogués, des perdus, j'en ai vu passer des nuées pendant mes nuits. Chacun traînant son pathétique karma.

Chacun à la recherche d'un bonheur de remplacement. Un bonheur bien éphémère qui se vend au gramme. Du bonheur en poudre.

Je me demande jusqu'à quel point j'ai été surpris de revoir Pink-Punk, quelques années plus tard, faisant le trottoir, sur la rue Ontario. Elle avait perdu son sourire, son regard s'était éteint. Faire la manche ne tenait plus la route. C'est sur le trottoir qu'elle laissait sa peau.

Je ne l'ai jamais revue depuis.

9.9.06
Coloriage en noir et blanc

Quatre heures du matin. Je suis au coin de Peel et René-Lévesque attendant que ça passe au vert, quand un jeune homme s'avance vers mon taxi. Avant d'ouvrir la portière, il me demande par la vitre ouverte si je vais sur la rive sud. Je hoche la tête et il va s'asseoir derrière en me remerciant. Je lui demande quel pont il veut prendre, pars le compteur et fais crier les pneus sur une jaune orange foncé. En clenchant suffisamment, je n'aurai que la rouge au coin de Notre-Dame à me taper avant d'atteindre le pont Victoria.

Comme le gars a l'air un peu coincé, je lui sors une de mes phrases «entame-discussion» éprouvée :

— Ça roule mieux à 4 heures du mat' qu'à 4 heures de l'après-midi !

— Hum.

Pas trop de répondant, mais dans le rétro je capte son sourire.

— Combien de taxis t'ont refusé avant que je t'embarque ?

— Deux sont passés tout droit, pis l'autre m'a dit qu'il n'y allait pas. Il m'a dit que c'était trop loin.

— Y'était quand même pas pour te dire que c'est parce que t'es noir.

— Ouain. On vient qu'on s'habitue.

— Si fallait que tu sautes ta coche chaque fois, j'imagine que ce serait long longtemps ?

— J'sais pas ? me répond-il en riant.

— Tu serais surpris du nombre de fois où j'embarque des clients qui me disent: «Chus content que ce soit pas encore un crisse de nègre!» Pour les mettre à l'aise, je leur réponds que ma femme est Africaine. Tu devrais les voir changer de couleur.

— Hahaha! Là, j'suis sûr qu'ils doivent te dire: «Chus pas raciste, MAIS...»

— Ouaipe! Le fameux MAIS.

Pendant la demi-heure qu'on a passé ensemble, on a rigolé pis échangé des anecdotes. On a jasé des Blancs qui détestent les Noirs, des Noirs qui détestent d'autres Noirs, des Arabes qui détestent les Juifs, des Chinois qui détestent tout le monde, des Chicoutimiens qui détestent les Jonquiérois, etc. Et vice versa.

Un échange des plus coloré.

Transport lunaire

Avec cette belle conjoncture : jeudi de paye et pleine lune, je ne risque pas de m'endormir cette nuit. J'aurai beau tourner en rond dans n'importe quel quartier, je vais avoir droit à mon lot de clients que la Lune affecte. Sur la route, on voit qu'il y a quelque chose de différent. Il y a de la fébrilité dans l'air des pneus. Entre les «touristes» qui occupent toujours trop d'espace et les perpétuels cratères des rues de la ville, ça roule beaucoup plus vite. Sur l'accélérateur, on sent la pesanteur. Les chauffeurs sont plus baveux, les autres plus nerveux. Le code de la route s'est assoupli, c'est clair, l'astre nuit.

Je vais aussi avoir droit à mon lot de clients qui dépensent leurs chèques. Quand la paye rentre, l'argent sort. Un autre de ces cycles immuables. Dès que les bureaux du centre-ville se vident, les centres d'achats se remplissent. C'est-tu ça qu'on appelle le principe des vases communicants ? Parlant de liquide, ça devrait être également papire pantoute dans le joyeux monde heureux des cinq à sept, à huit, à neuf... Entre les sacs de mes magasineurs et le vidage de sac de mes verbomoteurs, je ne risque pas de manquer d'attractions.

Déjà pas mal allumée, on dirait que la faune nocturne montréalaise s'exacerbe ces soirs-là. Les sens s'éveillent, les manies s'animent et la Lune laisse les insomnies faire. Les bars vont s'emplir d'aventureux en quête de corps célestes pour finir la nuit, pour changer de vie. Ailleurs, cette vie va simplement suivre son cours. Sans grande révolution, sans gravité. Une mer de tranquillité.

Ce que j'aime le plus, pourtant, dans ces nuits de pleine lune, c'est d'en observer le mouvement dans le ciel de la ville. Elle rythme la nuit de la plus belle façon qui soit. Quelle joie de l'apercevoir, dans la perspective des rues, danser entre les immeubles. Quel spectacle elle nous offre quand le soleil couchant joue avec elle.

La Lune affecte sans doute certains de mes passagers. Mais ce qu'ils ne savent pas, c'est que celui qui les conduit est aussi gravement atteint!

Impression de pluie

Poste d'attente

Assis dans mon taxi, je suis le premier sur le 74 et je jase avec Norm qui en fume une, debout à côté de mon troisième Malibu de la semaine. Ça fait près d'une demi-heure que je niaise là, à attendre un appel ou que quelqu'un se présente. C'est long et j'ai envie de pisser.

— Ouain, tu gèles ça, un gun! me dit Normand en rigolant.

— Crisse, si je peux décoller d'icitte que j'aille tirer une pisse pis que j'aille me chercher un 6-pack pour finir ma nuite!

Comme chaque année, le mois d'août s'annonce tranquille. Le retour à l'école se profile et ça se sent. On coupe dans les sorties, sauf celles d'argent. Le linge, les livres, les fournitures, les inscriptions, les imprévus, les ci, les ça… Du coup, les petites virées en ville, les petites bouffes au resto prennent le bord et, au bout de la chaîne alimentaire, les taximen mangent leurs bas. J'attends, j'attends et j'attends encore.

On jase du temps qu'il fait, des chars et des femmes qui passent, de nos courses respectives. On courbe le temps comme on peut, avec comme bruit de fond la nasillarde répartitrice :

— Soixante-quatre, sixty-four.

Personne.

— Soixante-dix, seventy.

Pas de taxi là non plus.

— Envoye ça icitte! dis-je en me préparant à peser sur le bouton de mon micro.

— Soixante-quatorze, seventy-four. Pas trop tôt!

— Salut, mon homme! me dit Normand déjà parti vers son cab, alors que je note mentalement les coordonnées de l'appel que me transmet du nez la répartitrice.

C'est sur Notre-Dame au coin de des Seigneurs et je sais pertinemment que j'ai intérêt à peser dessus. C'est une artère passante, et comme je pars du troisième poste appelé, c'est un peu plus loin. Facile pour un «affamé» de fin de semaine de passer par là avant que j'arrive. Je clenche donc autant que possible jusqu'à l'adresse qu'on m'a donnée. C'est un bloc. Je n'ai pas le numéro d'appartement pour aller sonner, donc j'attends, j'attends et j'attends encore. Pas de doute dans mon esprit que le client est parti et, après six-sept minutes, j'essaie de rejoindre la centrale pour avoir ce qu'on appelle dans le jargon un «no-load». Ça veut dire que le prochain appel dans le secteur m'est dû. Mais on dirait que la répartitrice est partie se moucher, faique j'attends, j'attends et j'attends encore. Mon envie de pisser se fait de plus en plus pressante, l'heure de fermeture des dépanneurs se précise, ça fait plus d'une heure que je n'ai pas eu de course et je continue d'attendre.

Je finis par avoir mon «no-load» pour les trois postes et je vais m'installer sur le 70 au coin de des Seigneurs et Saint-Jacques. Dans le laps, deux taxis s'y sont déjà parqués et, lorsque je les croise, je vois la frustration dans le regard que m'offrent les deux chauffeurs. «Ouaipe! Y'en aura pas de facile les boys!» me dis-je en espérant que ce ne sera pas trop long avant que je décolle.

Mais ce l'est. J'attends, j'attends et j'attends encore. J'ai beau avoir la priorité d'appel pour les trois postes, y'a rien qui sort. Les deux taxis devant moi partent avec des passagers et je reste là, sur le poste, à regarder l'horloge indiquer l'heure fatidique qui va m'empêcher de faire mes provisions de houblon. Plus d'une heure et demie sans passager, ça commence sérieusement à me démanger. J'attends, j'attends et j'attends encore. Encore heureux que le polar que je me tape soit bien ficelé. Ça me fait presque oublier mon envie de pisser.

Quelques minutes avant onze heures, je suis sur le point de rejoindre la centrale pour me libérer de ma priorité quand se pointe de l'autre côté de la rue une jeune femme dans une robe aussi serrée que ma vessie. Elle me jette un coup d'œil et je me dis qu'il était temps. Je ferme mon roman et m'apprête à démarrer le véhicule quand la belle ouvre la portière à mes côtés.

— Do you have twenty-five cents? I need to make a phone call.

Ciboire! Ça se peut pas! Qui peut avoir chié comme ça dans mon karma? Tout de même, la beauté joue pour elle, je lui souris et lui fais la monnaie. Elle sent bon et ses courbes me font oublier l'attente. Me font oublier que je suis le premier « sul gun ». Me font presque rater les appels répétés de la « dispatcheuse » qui appelle mon numéro depuis trente secondes. Assez pour passer à côté de quatre-vingt-dix minutes d'attente.

J'ai enfin eu un appel sur la rue Victor-Hugo. Misérable, je me suis dis que ça devait être une espèce de justice poétique d'aller là où personne ne pouvait me voler ma pitance. Je me suis parqué en avant de mon adresse et, de la fenêtre, un homme m'a fait un signe d'attendre.

Faique j'ai attendu, attendu, attendu encore.

⌣

Du taxi, je pouvais observer l'homme, à travers la grande baie vitrée du salon, faire ses accolades, au revoir, embrassades et adieu. Ça n'en finissait plus ! J'aurais amplement eu le temps d'aller au Pétro-Can tout près faire mes provisions et vider mon sac. Au lieu de ça, je rumine et serre les dents.

Je me prépare déjà mentalement à lui sortir le laïus du chauffeur excédé sur la règle non écrite qui veut que le client soit prêt quand la voiture arrive. Lorsque, finalement, l'homme se présente, il se confond en excuses et me demande de l'amener dans le nord de la ville. Assez loin pour que je resserre les dents. J'ai toujours envie de lui livrer mon « speech », mais j'ai encore aussi très envie d'autre chose. La deuxième l'emporte, et c'est en quatrième vitesse que j'arrive, les joues rondes, à destination.

Malgré mon mutisme, l'homme semble ravi de la course que je viens de lui servir, car, avant de sortir du taxi, il me demande si je ne pourrais pas aller le reconduire à l'aéroport en début de matinée. Je me dis que toute cette attente tourne à mon avantage et demande à l'homme à quelle heure EXACTE il veut que je sois là. Je prends ses coordonnées et file au garage le plus près faire le vide.

Cette nuit de samedi à dimanche s'est ensuite déroulée calmement. Pas de quoi fouetter un chat. Le genre de nuit qui donne le goût de prendre le reste du mois *off*. Malgré ces longues heures à travailler et à rouler dans le vide, je me considère chanceux. C'est sûr que, quand je m'installe derrière le volant, j'y suis pour gagner ma vie. C'est avant tout un boulot et, j'ai beau aimer ce que je fais, si l'argent ne rentre pas, je ne suis pas heureux. N'empêche, je suis un privilégié du métier. Pas d'enfants à charge, pas de loyer exorbitant, pas de goûts de luxe. Je n'ai peut-être pas beaucoup d'argent, mais je n'ai pas de dettes non plus. Tout compte fait, je me fais pas chier, quoi ! Quand j'observe certains confrères chauffeurs qui ont une petite famille à faire vivre, il y a des mois où il n'y a pas de quoi rire. Il faut accumuler des heures et des heures pour joindre les deux bouts.

C'est pas un métier facile, celui que j'ai choisi. Mais, en y pensant bien, je chiale pour pas grand-chose. Faut bien passer le temps...

Quand je suis arrivé devant l'appartement de l'homme, il était prêt. Je l'ai salué, l'ai aidé à descendre ses valises et à les mettre dans le coffre de l'auto et, sans attendre, nous sommes partis.

Je suis en direction sur un appel, lorsque je stoppe à un feu rouge à côté d'une vieille Chevrolet Monte-Carlo. C'est loin d'être une voiture de collection, mais on peut voir les efforts que fait son propriétaire pour la garder en bon état. Il y a encore ici et là des bonnes traces de rouille, mais il y a aussi des parties de la carrosserie qui ont été changées et sablées. Avec une bonne job de «body» cette bagnole va sûrement faire tourner quelques têtes. Je lance au mec assis derrière le volant :

— C'est pas jeune, jeune! C't'une 76? Une 77?

— Une 77!

— C'est une bonne année 1977. Les moteurs sont pas tuables, là-dedans!

Sa réaction me dit qu'il est fier de son char et de l'intérêt qu'il provoque. En ce qui me concerne, ce sont plein de souvenirs qui me reviennent à la vue de son auto. Mon premier char aussi était de l'année 1977. Pas un Monte-Carlo, mais son équivalent Pontiac : un fabuleux Le Mans! Toute mon adolescence remonte à la surface : les premières blondes, les premières virées en ville, les fins de semaine en camping. Le monde s'élargissait et, si ça se trouve, c'est peut-être de cette époque que remonte ma vocation de taximan.

Je lui en avais fait voir de toutes les couleurs à cette bagnole et, même si la mécanique tenait encore le coup, la corrosion avait fait son œuvre. Une nuit où j'étais entré sur les petites heures, on vient sonner à la porte du bungalow familial. Le petit voisin qui passait le journal avait vu de la fumée sortir de l'auto. Je me souviens que papa s'était emparé du boyau pour arroser le tapis que la chaleur du catalyseur avait enflammé à travers un trou dans le plancher. On avait ensuite réparé la brèche en y remettant un bout de tôle, et papa avait eu l'idée de recouvrir le tout avec le reste d'une poche de ciment qui traînait dans le garage. Pendant encore plus d'un an j'ai roulé avec ce vieux Le Mans, le seul au monde a avoir un plancher de ciment! Certains vieux potes m'en parlent encore.

De son *vintage*, le gars me lance, avec un sourire fendu jusqu'aux oreilles :

— Je suis né en 1977, pis je m'appelle Carlo! C'te char-là, pour moi, c'est un classique!

Je lui ai rendu son sourire en hochant la tête d'un air tout entendu.

On s'est salués.

Et la lumière a viré au vert.

Je réclame

Je ne sais pas si vous avez remarqué de quoi de différent dans le paysage montréalais cette semaine. On a éteint l'enseigne des farines Five Roses ! Je disais à ma coloc que c'était probablement pour une question d'entretien, qu'il devait y avoir quelques néons à changer. Pantoute !

J'viens d'apprendre qu'on veut carrément la démanteler ! Ça me rend triste, ça me met en christ. C'est comme si je venais d'apprendre qu'un vieux chum était condamné.

Évidemment, c'est encore une histoire de cash : la grosse compagnie amerloque qui en est maintenant propriétaire ne voit pas l'intérêt. Ça doit coûter trop cher de courant. Va savoir les maudites raisons qu'ils vont trouver pour mettre ça à terre ! Vivement une pétition !

Pour moi, cette publicité d'un autre âge était comme un phare éclairant la ville. Elle me manque et je la réclame !

La vie passe en coup de vent

Le gars allait peut-être chercher du lait au dépanneur, ou peut-être qu'il en revenait. Il avait peut-être brûlé un stop plus tôt sur la route, ou peut-être qu'il avait laissé passer une petite vieille à l'intersection d'avant. Il avait peut-être pensé passer ailleurs que sur Côte-des-Neiges, peut-être pas. Il allait peut-être rejoindre sa maîtresse, ou peut-être qu'il venait de se faire crisser là par sa blonde. Il avait peut-être oublié de fermer ses fenêtres avant de partir. Il se disait peut-être que c'était beau tous ces éclairs dans le ciel. Peut-être que tout allait bien dans sa vie. Peut-être qu'il a vu l'arbre s'abattre sur lui.

Pas le bon moment, pas le bon endroit. Quelles sont les probabilités de se faire écraser sur la route par un arbre qui tombe ? S'il avait bien attaché ses lacets avant de partir, le destin aurait-il pris une autre tangente ? Est-ce qu'il existe vraiment un grand livre avec notre nom dedans ?

À force de trop tourner en rond, je finis peut-être par me poser trop de questions ?

Entécas, profitons de la vie. Sait-on jamais…

Sergio le Frigo

Ça faisait quelques années que je n'avais pas travaillé un lundi et j'ai vite compris pourquoi. Après trois heures sur la route, j'avais quinze piasses de faites! Mais bon, je m'énerve pas avec ça, je vais sur le poste 74 jaser avec Normand. J'arrête à l'appart' me faire une bonne bouffe, un bon café, et je retourne sur le poste avec un vieux Série noire que je voulais me retaper depuis longtemps: *Nada* de Jean-Patrick Manchette.

Les heures et les chapitres passent, ponctués par quelques clients qui ne vont jamais très loin. Alors que le complot se met en place et que les anarchistes sont sur le point de kidnapper l'ambassadeur américain à Paris, un skinhead s'installe sur la banquette à mes côtés.

— Peux-tu m'amener aux Foufounes électriques, man?

— Pas de trouble. Y'a-tu de quoi de spécial là à soir?

— Non, non, mais mon chèque de B.S. vient de rentrer, pis j'ai soif.

J'avais oublié que c'était le tournant du mois et qu'à cette heure-ci le bonheur social se distribuait dans les guichets automatiques. Sur la route nous amenant au temple de l'alternatif montréalais, j'échange avec le rasé quelques histoires de beuveries foufounesques et lui demande s'il connaît Sergio, un des portiers.

— Ouain, y'é correct. Lui, au moins, y'essaye pas de te casser un bras quand y te sort sul cul!

— Hahaha! Tout à fait lui.

J'ai connu Sergio lors d'une tournée avec le groupe français Molodoï, dans lequel chantait François, l'ex-chanteur des Bérurier noir. Ces derniers, lors d'une tournée précédente, avaient subi l'attaque d'un groupe de skinheads néo-nazis et, pour des questions de sécurité, la petite maison de production pour laquelle je travaillais à l'époque avait fait appel à quelques armoires à glace pour dissuader ces crétins lobotomisés. Les «Panaméens» avaient baptisé Sergio : le Frigo. Une froide évidence.

Dans une tournée avec un groupe rock, il y a toujours quelque chose qui cloche, qui accroche. Mais, lors de celle-ci, on aurait dit que tout tombait en place. La réponse des kids en région était super bonne, y'avait une énergie et une magie que je n'ai jamais eu l'occasion de revivre. Mémorable. Sur l'album qui a suivi, Molodoï nous offrait la pièce : *Au Québec*, où il est question de «Nègres blancs d'Amérique» et de quelques individus dont, entre autres, Sergio et un certain Léon sur lequel je tairai tout !

J'arrive donc devant les Foufs avec mon skin assoiffé, à me remémorer ces souvenirs, lorsque qui je n'aperçois pas sur le trottoir devant le bar ?

— Hey ! Sergio le Frigo ! Comment va ?

— Hey ! Salut mon Léon !

— Cibole ! Qu'est-ce tu fais encore icitte ? Tu pourrais être le père de la plupart de tes clients !

— J'comprends ! Pu moyen d'en sortir un dehors sans qu'y s'plaigne à la DPJ !

— Hahaha ! Tu feras attention à celui que j'viens de te dropper. Y'a les bras sensibles.

— Ouain, c'est un régulier. Il connaît les marches par cœur. Pis toé, quoi de neuf ?

— Ben, comme tu vois. Toujours sua route. Y'a des affaires qui changent pas. Maudit que j'aimerais récupérer toute le cash que j'ai dépensé icitte!

— Héhé! Tu pourrais t'acheter un bungalow!

— Haha! Mais si t'embarquais, on pourrait s'payer un triplex!

— Ouain, un astie d'beau, à part ça!

On a continué à délirer pendant quelques minutes. Quelques minutes chargées d'années. Échange de bons procédés, parqué en double sens.

— Salut vieux! Fais attention à toi...

L'accident

La chaleur est suffocante. Ça annonce un vendredi des plus occupés sur la route. Personne n'aime rester à l'intérieur lors de ces soirées humides et collantes. Beaucoup plus de monde dans les rues et les courses sont allongées par le trafic de ce début de fin de semaine. Sur la route la tension est presque aussi palpable que le smog qui semble coller à la peau. Cette température n'aide certainement pas à garder son calme. Il faut faire avec l'impatience ambiante.

Après une heure de pointe infernale, je passe chez moi prendre une douche et me faire une couple de sandwiches pour passer à travers la nuit. Je me prépare aussi un thermos d'un épais café noir et je vais m'installer au poste 76, près du métro Charlevoix à Pointe-Saint-Charles. Ce poste est surtout occupé par les taxis de la compagnie Pontiac-Hemlock et, quand un « Diamond » s'y installe, il se fait toujours regarder de travers. Je m'en fous, je m'empare d'un bon bouquin et je sirote mon café en attendant mon prochain client.

Les minutes passent lentement. Comme le reste, le temps semble être ralenti par la température ambiante. Tout colle. J'ai beau sortir de la douche, je sens la sueur me couler dans le dos. J'ai hâte de rouler, pour m'aérer un peu. Le taxi est doté d'une climatisation, mais je déteste ça. Je préfère avoir chaud, que de brûler du gaz dans cet enfer.

J'avance lentement sur le stand. Les « pick-ups » se font rare et je dois attendre une bonne demi-heure avant de me retrouver le premier sur le poste. Impatiemment, le répartiteur s'égosille et lance des appels tout autour, mais pas au 76. En sourdine, la radio joue du jazz. Je regarde la faune s'animer sur les trottoirs. Le jour tombe lentement. Je prends mon mal en patience.

Arrive alors ce gars, qui a l'air d'une boule de nerfs sur deux pattes qui me lance avant même que la portière soit refermée de l'amener au bout de la rue Centre. Il ajoute dans le même souffle qu'il est en retard à son travail, que son patron est un con, qu'il a un double à se taper et me demande s'il peut fumer dans l'auto.

Il m'emmène pas très loin, mais je ne suis pas déçu de décoller de là. Après s'être allumé, le nerveux continue de jaser sans respirer. Sa job, la température, son boss, on dirait un kid sur un « rush » de sucre. Pas trop reposant, mais tout de même sympa. Je n'ai pas un coin de rue de fait que le gars m'a presque détaillé son C.V.

Au coin de Ropery, je m'arrête derrière une grosse américaine stoppée à un feu rouge, qui s'éternise. Mon client s'impatiente et se met à chialer contre tout ce qui va contribuer à son retard. Évidemment, je me mets de la partie et embarque dans son délire. Donc, quand la lumière vire au vert, on est deux à crier contre l'imbécile devant nous qui a décidé de tourner à gauche sans clignoter. Je dois braquer et contre-braquer pour le contourner et, en le dépassant, je tends le cou et me tourne vers ce con qui vient de nous faire perdre un gros vingt secondes.

C'est alors que j'entends mon passager crier : « attention » ! Je n'ai pas le temps de me retourner devant moi que le taxi s'encastre dans un autobus de la ville qui tournait devant nous.

Ce jour-là, il y avait des travaux sur la rue Centre et le parcours de l'autobus était dévié.

J'avais vu ce maudit autobus décoller du coin opposé. Il avait clignoté comme chaque fois qu'un bus repart d'un arrêt mais mon attention aussi était déviée.

Je l'ai frappé de plein front. Ça a arrêté assez sec, merci. Les roues arrière du taxi ont levé. Mon passager et moi, avons été projetés vers le pare-brise que j'ai éclaté, quand le dessus de ma tête s'est frappé dans le rétroviseur. Après quelques secondes de « black-out », mon premier réflexe a été de regarder si mon client n'était pas sérieusement blessé. Sur son visage parsemé d'éclats de verre du pare-brise, je voyais perler quelques gouttes de sang. Pourtant, il continuait de jaser. J'ai ensuite regardé devant moi pour voir la conductrice de l'autobus mettre une main devant sa bouche. Elle avait l'air en état de choc. J'ai vu les curieux commencer à s'agglutiner, et dans ma tête, je me suis dis qu'on devait être pas mal dans les jambes. J'ai redémarré le taxi, et l'ai reculé pour le stationner sur le côté de la rue. Je devais être plus sonné que l'impression que j'en avais.

C'est en recoupant le contact que j'ai senti que ce n'était plus de la sueur qui me coulait dans le front. C'était visqueux, et ça coulait à flot. Quelqu'un est venu me porter secours et je lui ai dit calmement que j'allais bien. J'ai voulu sortir du taxi et me mettre debout mais j'ai vu que je n'irais pas très loin. Je me suis rassis en attendant l'ambulance qu'on entendait s'en venir. J'avais beau être commotionné, j'avais honte d'avoir frappé cet autobus. Je filais beaucoup plus mal pour mon client que pour moi. Pourtant, ce dernier fumait une cigarette sur le trottoir en attendant les secours.

Les pompiers, les ambulances, la police, les remorqueuses, un beau gros spectacle son et lumières en ce début de soirée dans la Pointe. Ça se passe rondement. Un policier me pose quelques questions concernant le propriétaire du taxi. Ce dernier va à coup sûr me faire la gueule pendant un gros mois quand il va voir l'état de son bazou. Les ambulanciers me prennent ensuite en charge et m'emmènent à toute vitesse à l'urgence de l'hôpital général de Montréal. Je n'aurai pas à attendre une couple d'heures à l'admission, avant de voir un doc. C'est la totale! Ils sont quatre ou cinq à s'affairer autour de moi. Ils m'arrachent mes vêtements, me tâtent, me tripotent, font leur travail finalement. Je suis toujours un peu sonné mais je n'ai rien de cassé. J'ai juste cette lacération sur le dessus du crâne. Une bien belle job de couture en perspective! Sur la table à mes côtés se trouve mon passager arrivé juste avant moi. Il jase encore et toujours, mais avec les infirmières cette fois. Il n'a pas l'air trop malheureux d'avoir sa soirée de congé. Il demande si ça va être encore long car il a une grosse envie d'aller en fumer une.

Je passe toute la soirée couché dans un racoin de cette urgence en folie, à observer les allées et venues du personnel. Alternent des cas d'intoxications, des crises de cœur, quelques cas de bagarres, quelques autres de détresse respiratoire. Sur une civière pas très loin de moi, un vieux clochard se met à dégueuler. Je songe que la faune ici ressemble un peu à celle que je trimballe habituellement. Plus la nuit avance, plus s'intensifient les cas d'intoxications. Un vendredi normal a ce qu'il paraît. J'assiste à une sacrée chorégraphie, où infirmières, docteurs et préposés dansent entre patients et impatients. Au petit matin, une jeune et jolie interne vient me suturer. Elle passe une bonne heure à en découdre avec les points. Près d'une trentaine.

Elle m'annonce que les cheveux ne repousseront probablement plus sur cette plaie. Un scalp de la grosseur d'un deux dollars.

En sortant de l'hôpital, mon passager en grille une à l'extérieur. Je me confonds en excuse envers lui. Il me dit qu'il n'a rien de grave, mais qu'il essaie d'avoir un billet du doc pour avoir une couple de semaines de congé. J'ai ri un peu avec lui en lui filant mon numéro de téléphone. Je n'en ai jamais eu de nouvelle.

J'ai pris mon temps avant de reprendre la route. Le patron m'a piqué une sainte colère à propos de son taxi, mais a été encore une fois conciliant. J'ai eu mal au crâne pendant plus d'un mois et la blessure a été longue à cicatriser. Mais la leçon a été utile. Quand je sens l'impatience me gagner sur la route, je garde l'œil ouvert, respire un bon coup et ne m'arrache plus les cheveux sur la tête.

La fête au Village

Les «Outgames» sont enfin commencées. Les drapeaux arc-en-ciel ont remplacé ceux des *aficionados* du ballon rond, et c'est la fête au Village. J'avais quelques doutes sur l'ampleur de l'événement : cette semaine on disait donner des billets gratuits pour le spectacle d'ouverture de ce soir. Mais ces doutes ont rapidement foutu le camp la nuit dernière. C'est clair qu'on ne s'ennuiera pas. Avec le «night life» montréalais et la propension des gais à faire la fête, je ne suis pas inquiet.

J'aime bien la clientèle homo. Les gais ont un sens de l'humour impayable. Hier, par exemple, je fais monter ce couple à bord. L'un est super gentil et l'autre, complètement bourré, a la «switch à bitch». Il n'est pas déjà assis qu'il me sort tous les clichés du chauffeur de taxi. Qu'on sent le petit sapin à la patte cassée, qu'on est les «kings» du détour, pis juste des têteux de cinq cennes, etc. Il a le piton collé. Son chum essaye de l'arrêter et s'excuse pour lui, mais j'ai déjà capté le regard de son mec dans mon miroir et c'est entendu qu'il me niaise. Il garde ce qu'il faut de troisième degré et de subtilité dans le ton pour que je ne le prenne pas personnel.

J'embarque quand même dans son jeu en faisant le chauffeur outré, que je ne suis pas de même moé, pis qu'il n'est pas question que j'endure ça plus longtemps, que je vais les débarquer si ça continue, tout en gardant ce qu'il faut dans le ton pour que la «bitch» se mette à me sortir du «mon chou». La course se termine dans l'euphorie la plus totale.

Tout le contraire de ce moron embarqué sur la rue Saint-Laurent.

— Sais-tu comment on a rebaptisé le stade olympique pour les jeux fifs?

Déjà pour la subtilité et le troisième degré, on repassera.

— Euh, j'vois pas.

— Le stade anal! Hahaha! Le stade anal, crisse qu'est bonne!

Le gars riait tout seul. Il s'est mis à me raconter des blagues homophobes pendant le quart d'heure que je l'ai eu à bord. J'ai failli lui dire que la plupart des hétéros qui ont un problème avec les gais ne font que refouler leur propre homosexualité. Il l'aurait trouvée «crissement» moins drôle.

La Lune apostrophe une ville dégoulinante. Montréal est devenue l'île des sueurs. Pas la moindre brise pour atténuer la suffocation. La chaleur irradie du béton. Je roule depuis plus d'une heure sans client. Le taxi en mouvement m'offre juste ce qui faut de vent. Le climatiseur m'a lâché, les clients aussi. Je tourne en rond sur une asphalte molle en pensant à une bonne bière froide. Sur la radio, pas d'appels, quand j'aperçois ce type sortir d'une ruelle.

Il ouvre la portière de derrière, y jette un grand sac de sport et vient s'asseoir à côté de moi. Il recule sa banquette jusqu'au fond et, sans qu'il m'ait demandé quoi que ce soit, je me remets à rouler. Le gars s'est tourné vers le sac, y a glissé une main qu'il retire en tenant une bouteille de cognac déjà entamée. Il l'ouvre et s'envoie une bonne rasade. Il me tend ensuite la bouteille.

— Je suis en service, vieux.

— Moi j'viens de finir, me répond-il, avant de s'envoyer une autre gorgée de V.S.O.P.

— Et qu'est-ce tu fais de bon?

— J'fais des apparts.

— …

— Inquiète-toi pas, j'vais te payer…

— J'espère! Ça fait deux heures que je roule dans le beurre.

Encore sur l'adrénaline, le gars a ramené le sac sur ses genoux et il se met à le déballer. Il me raconte son aventure en faisant l'inventaire de son cambriolage. J'me dis qu'il faut avoir du nerf pour faire ce qu'il fait par cette chaleur, alors qu'il y a plein de monde en train de prendre l'air sur leur galerie.

Du sac, il sort un portefeuille et commence à trier les cartes, en prenant bien soin de me cacher ce que je pourrais y lire. Le gars est loin d'être idiot, et il m'impressionne tout autant que je m'en méfie. Je jette des coups d'œil furtifs vers le sac, et j'y vois un petit système de son, des cédés, du linge qui doit servir à amortir le choc des bouteilles. Du menu fretin, quant à moi.

— Shit! J'pensais ben trouver du cash dans le portefeuille, va falloir que tu me trouves un « pawnshop » pour que je puisse te payer.

— Hum, c'est dimanche soir. Ça sera pas évident!

— Tu connais pas de place qui pourrait m'acheter ça?

— Peut-être sa rue Ontario. On peut ben aller voir, mais j'te promets rien!

Sur le trajet, le gars me demande s'il peut fumer, mais on n'a pas de feu, ni l'un ni l'autre. Il me parle encore de sa soirée, comment il est sorti *in extremis* par la porte de derrière alors qu'il entendait la clef tourner dans la porte de devant. J'me demande jusqu'à quel point il en rajoute, mais j'embarque dans son jeu tout en continuant de rouler. À un feu rouge, le gars me regarde, me dit de ne pas bouger et part en courant vers un dépanneur qui se trouve là, sans doute pour aller se chercher de quoi s'allumer. Pendant quelques secondes, ça me démange de décoller avec le larcin mais le gars a été franc dès le départ avec moi. Et après tout, c'est lui le voleur, pas moi!

N'empêche qu'après trois, quatre « pawnshops » fermés, le gars m'a laissé une dizaine de disques compacts pour me payer le prix de sa course. J'ignore si ça fait de moi un complice, mais ça fait une pas pire anecdote à raconter.

Trafic de poudrés

Ç a se passe samedi dernier. Le festival de jazz est commencé, celui des déménagements aussi. Le Vieux-Montréal est bondé dans l'attente du feu d'artifice à la gloire de l'unifolié, et j'essaie de me tenir le plus loin possible de ces bouchons qui me font monter le vinaigre au nez. J'ai ma dose. Ça a beau être occupé, ce trafic infect m'affecte.

Dans la soirée, je prends un appel sur la rue Saint-Ambroise, dans le secteur des nouveaux condos chics qui poussent comme de la mauvaise herbe. De celles qui embourgeoisent les vieux quartiers populaires et qui en chassent les pauvres gens. Bref, après m'avoir fait attendre plus de dix minutes, deux jeunes beautés pomponnées montent à bord en me disant d'attendre encore un peu. Une troisième pompon girl ne devrait pas tarder. Je leur dis qu'il n'y a pas de problème et je pars le taximètre.

— Vous partez votre compteur? me demande presque outrée la plus maquillée des deux.

— Tu sais que ça fait plus de dix minutes que j'ai sonné à votre porte?

— Ouain, pis? s'exclame la deuxième peinturlurée.

Je pourrais leur expliquer en long et en large le règlement qui régit l'industrie du taxi qui m'autorise à partir le compteur dès que les passagers ont leurs culs posés sur mes banquettes. Je pourrais aussi, comme le font certains chauffeurs que je connais, les engueuler et les sortir de mon véhicule. Je pourrais être de très mauvaise foi, et ce n'est pas l'envie qui manque. Mais je prends sur moi, souris, éteins le compteur et leur dis:

— Je lui donne une minute, pas plus !

— Vous êtes ben fin, monsieur.

— C'est où le party ?

— On le sait pas encore. Peut-être Saint-Laurent, ou peut-être dans le Vieux-Montréal. C'est notre amie qui décide, c'est sa fête !

Ça va être également la mienne et j'essaie mentalement de déterminer quel itinéraire serait le moins débile. Pour se rendre à l'une ou l'autre de ces destinations, je vais devoir me taper du trafic sans bon sens.

Alors que je me dis que je commence à être mûr pour des vacances, la troisième jeune femme arrive et dépasse toutes mes espérances. Y'a pas à dire on touche le fond, de teint. Me voilà donc en direction du Vieux, car la fêtée a un petit penchant pour Gregory Charles, qui chante quelque part là-bas, de l'autre côté du parking qui devrait commencer juste après le viaduc de l'autoroute Bonaventure. Les fragrances de mes trois clientes se mêlent en un concentré franchement dégueulasse. Elles parlent de chaussures, de linge et de mecs. J'ai l'impression d'être dans un mauvais épisode de *Sex in the City*.

Sur de la Commune, c'est pare-chocs à pare-chocs, et j'arrive à convaincre mes trois grimées du samedi soir que, rendus où on est, ça ira plus vite en marchant, même avec des talons aiguilles. De toute façon, rien qu'à voir, on voit bien. Continuer serait un fardeau, et mes trois fardées décident de faire le reste à pied. Pendant qu'elles me paient, je leur dis qu'elles vont briser plein de petits cœurs ce soir. J'suis donc têteux quand j'veux.

Alors que j'essaie de me sortir de ce capharnaüm de véhicules, la porte de derrière s'ouvre. Un mec s'assoit et me demande de l'amener au plus vite à Outremont. Il faut qu'il se change en vitesse, car il doit être au boulot dans quinze minutes, au coin de Saint-Laurent et des Pins! Je me retourne pour voir à quel sorte d'ahuri j'ai affaire. Ça me prend pas deux secondes pour voir à quoi j'ai droit. Mâchoires crispées, narines enfarinées, regard vitreux, le gars est coké à ras bord. Un poudré d'un autre type, un autre type de trafic.

∿

Ça fait pas une minute qu'il est à bord que j'ai déjà le goût de m'en débarrasser. Ce mec suinte la coke, et je regrette déjà le parfum de mes trois poudrées.

— C'mon! Avance! Pèse dessus! Move it! T'es capable! qu'il me répète en reniflant.

— J'ai pas un hélicoptère man! Va falloir que tu te fasses à l'idée que tu vas être en retard.

— C'mon! Avance! Pèse dessus! Move it! T'es capable!

Dans le rétro, je lui envoie un regard qui dit: «Tu me niaises-tu, chose?» Je crois percevoir un sourire en coin et me demande s'il veut juste rigoler ou s'il est juste abruti par la poudre. Je comprends qu'il est en retard et, quant à moi, je lui ferais volontiers un course à vitesse grand V. Mais le vieux se vide, on est englués dans une mer de chars. Va falloir qu'il fasse avec ou qu'il débarque.

— Dans quelques minutes, on va tourner sur Université. Ça devrait être moins pire.

— C'mon! Avance! Pèse dessus! Move it! T'es capable! On va se rendre!

— Ça, pour se rendre, on va se rendre. Mais pas dans le temps que tu voudrais, mon homme.

J'ai à peine cent mètres de fait depuis qu'il est à bord. Je suis toujours bloqué sur la rue William, et les putains de travaux qui n'en finissent plus sur McGill font que tout le quadrilatère s'est transformé en usine à smog. Il me demande l'heure et me lance encore une fois :

— C'mon ! Avance ! Pèse dessus ! Move it ! T'es capable !

Ça commence à me démanger de le crisser en dehors de l'auto, mais, tant qu'à être dans un étau, aussi bien continuer avec un compteur qui égraine les cinq cennes. Je songe à mes vacances qui s'en viennent. Je serre les dents et respire par le nez. Mon client aussi. Un bon raclage de narines et de gorge pour ramasser ce qui reste dans les muqueuses. Un beau gros crachat à dix piasses qu'il s'avale sans subtilité.

— Pas évident, les allergies, han ? que je lui lance en jouant au cave. Il ne relève pas, me demande encore l'heure et prend son cellulaire pour faire un appel.

J'arrive enfin à tourner sur Université vers le nord et déjà ça commence à rouler un peu. La plupart des véhicules serrent à gauche pour aller prendre l'entrée de l'autoroute Ville-Marie. Je reste donc sur la voie de droite et m'empare de l'espace devant moi. Un 4X4 vient pour sortir de la rue Saint-Maurice et j'accélère ce qu'il faut pour qu'il mette les freins. Toujours dans la voie de droite, j'arrive à la lumière de Notre-Dame juste quand elle change, et accélère à fond pour dépasser les véhicules de la voie de gauche et ceux qui rentrent en ville par l'autoroute Bonaventure. Pendant ce temps, mon « renifleux » parle avec un confrère de travail et lui demande de le couvrir si le patron demande où il est.

Pour le moment, il monte tranquillement pas vite la rue Université. Ça a beau avoir trois voies de large, quand la ville se remplit comme ce soir, c'est toujours assez intense. Encore heureux que les Alouettes ne jouent pas en haut de la côte. Je continue de remplir le vide devant moi, je tricote comme je peux entre les véhicules, et j'arrive de peine et de misère au coin de l'avenue des Pins. Le compteur indique déjà treize dollars. Si je décode bien la partie de conversation que j'entends, mon client va probablement perdre sa job s'il arrive trop tard. Personnellement, je m'en contrefous, mais, en même temps, je sais que le «sniffeux» va passer son stress sur moi. Dès qu'il raccroche, il vient pour ouvrir la bouche et je l'en empêche en disant :

— C'mon! Avance! Pèse dessus! Move it! T'es capable! J'heul sais, j'heul sais...

Je lui fais un clin d'œil dans le rétro, mais ça ne le décoince pas. J'ai dans l'idée qu'il est mûr pour une belle grosse «track». Sur des Pins, on approche de ce qui reste d'échangeur et ça réduit d'une voie vers Parc. Avant d'arriver à Aylmer, seule option possible pour aller vers l'est via Prince-Arthur, je lui demande pourquoi il ne va pas directement au boulot?

— Ça ne serait pas mieux pour toi? T'es déjà quinze minutes en retard.

— C'est parce qu'il me manque un morceau.

Je poursuis donc dans la courbe qui va vers le nord et, comme on est de nouveau pare-chocs à pare-chocs, je me retourne, le regarde et lui dis, en essayant de rester sérieux :

— Tu veux un morceau? Combien t'es prêt à mettre?

Si je voulais alléger l'atmosphère, c'est raté. Son regard m'indique que c'est préférable de ne pas aller plus loin. Je croyais n'avoir affaire qu'à un coké, mais j'ai maintenant le sentiment que mon client est plutôt un «dealer». Mon allusion à l'arme à feu n'a pas semblé lui plaire, et je suis aussi bien de tenir ça mort et de m'en tenir à ma job.

Je continue donc de tricoter entre les véhicules en faisant des manœuvres pas toujours indiquées dans le code, et je profite de chaque brèche me permettant de prendre un peu plus d'espace. Pendant ce temps, le trafiquant gueule contre le trafic, et c'est dans une ambiance des plus détendues que j'arrive enfin à destination, angle Lajoie et Bloomfield. Évidemment, va falloir que j'attende que le client aille se changer. Il me donne un 20 $, ce qui couvre la course, mais pendant qu'il est à l'intérieur ça me démange pas mal de foutre le camp.

Quand il revient, au bout de dix minutes, je constate qu'il porte les mêmes fringues et qu'il est vachement plus détendu. Rien de tel qu'une couple de lignes pour ramener la bonne humeur, et c'est presque pimpant qu'il me dit :

— Tu me croiras pas, mais j'ai oublié de quoi dans mon camion. Faut retourner dans le Vieux-Montréal.

— Tu me niaises ?

Il ne niaisait pas. Il voulait aller sur Notre-Dame, près de la place Jacques-Cartier, en plein cœur des festivités. J'ai eu beau essayer de lui expliquer ce que ça impliquerait en fait de circulation et lui parler du temps que ça prendrait pour aller là et ensuite remonter jusqu'à des Pins, le gars n'en démordait pas. Il me sortit même un autre 20 $, en prenant bien soin de me montrer l'épaisseur de sa palette.

— C'mon ! Avance ! Pèse dessus ! Move it ! T'es capable !

(...)

Au total, j'aurai passé près d'une heure et demie avec lui à l'entendre renifler, mentir à son patron au téléphone et maudire contre le trafic. J'ai eu à me taper les pires bouchons de l'année avec cet allumé de première dans mon dos. Après une quinzaine de minutes presque immobile sur Saint-Laurent, entre René-Lévesque et Sainte-Catherine, le gars a décidé que j'étais la cause de son retard. Je savais dès le départ de la course (si on peut dire) que ce moment viendrait. J'étais sur le point de lui dire qu'une personne avec un minimum de neurones entre les deux oreilles aurait depuis longtemps fait le reste à pied, quand les feux d'artifice se sont mis à péter. C'était comme si des bombes tombaient autour de nous. C'était tellement fort qu'il aurait fallu qu'on crie pour se faire comprendre. J'ai donc décidé de me taire, et mon chômeur en devenir aussi. C'était complètement surréaliste comme ambiance. Comme si le temps s'était arrêté.

J'ai difficilement réussi à monter jusqu'à Ontario. J'ai tourné à droite et suis allé grimper la côte de Bullion pour nous sortir de cet enfer. Mon passager semblait maintenant résigné et, en ce qui me concerne, je me foutais complètement de ses problèmes. Ça ne faisait pas de doute que ce type était redescendu dans le vieux pour aller y reprendre d'autre drogue. Tellement accro que la réalité n'avait presque plus de prise sur lui. Moi, la réalité me disait que mes ressources en patience commençaient à manquer.

Après avoir traversé Sherbrooke en coupant quelques autos et en klaxonnant pour avertir des piétons de l'autre côté, on s'est finalement rendus à destination. Le mec m'a sorti un autre 20 $ de sa liasse, m'a souri et m'a dit de garder le change. Ça me laissait presque 7 $ de pourboire et un total de 60 $ pour quatre-vingt-dix minutes de travail. Excellent, tout compte fait. Pourtant, ce voyage m'a donné le signal que mes vacances venaient de commencer. J'ai fini la nuit. J'ai fini la semaine. J'ai même travaillé une journée cette semaine, question de m'assurer que je prenais la bonne décision.

Je parque donc le taxi pour quelques semaines. Je vais en profiter pour refaire le plein. Pour faire le vide aussi.

La maudite machine

On n'est jamais contents. Y'a toujours de quoi, quelqu'un, quelque chose qui nous frustre, et des «full frus», j'en ai ma dose pendant la nuit. Avec quelques verres de trop, une personne terre à terre se transforme assez vite en vrai cave, voire en homme des cavernes. Faut faire avec, ne pas les prendre à rebrousse-poil, et les conforter dans leurs doléances, même si on ne croit pas deux secondes ce qu'on raconte.

— T'as raison, c'est toutes des salopes.

— Mais oui, on est tous des trous de cul.

— Tout à fait d'accord, t'as ben raison, mets-en, à qui le dis-tu, c'est clair, j'comprends donc, absolument, ce n'est pas moi qui vas te contredire là-dessus, etc.

Ils peuvent sortir tout le méchant qu'ils veulent, je ne dirai pas le contraire. À quoi bon? Pourquoi je m'attirerais les foudres d'un individu à côté de ses pompes en lui disant qu'il a tort? Je ne ferais que mettre du gaz sur le feu. Ça vaut pas le coût, j'en ai pas le goût.

Dans la catégorie à prendre avec des pincettes, à part les soûlons, il y a ceux qui viennent de se faire remorquer leur voiture. Vous savez, la petite maudite pancarte qu'on ne voit jamais dans le fond du stationnement quand on se parque, mais qu'on lit toujours avec intérêt quand l'auto n'est plus là? Ça arrive assez régulièrement qu'on amène des clients vers les fourrières et ils ne sont pas toujours dans un état d'esprit des plus conciliants. Déjà que leur soirée leur a coûté cher, la facture pour reprendre possession de leur véhicule est toujours assez salée, et le prix de la course de taxi pour s'y rendre semble toujours être la goutte qui fait déborder le vase. C'est toujours trop loin, trop cher, trop lent… Faut être gentil, mettons.

Ce soir, j'embarque une dame qui doit aller à la fourrière et, pas sitôt assise, elle se met à jaser de tout et de rien sur un ton badin et rieur. Je suis étonné de la voir aussi de bonne humeur après que son auto se fut fait « kidnapper » et lui en fait la remarque.

— Bien, mon cher monsieur, c'est rien, ça. Dites-vous que, dans le monde au moment où on se parle, il y a des enfants qui meurent de faim.

(…)

J'ai été vraiment touché par les valeurs de cette femme avec qui j'ai eu la chance de causer à bâtons rompus pendant quelques minutes. À la guérite de la fourrière, elle a offert un magnifique sourire à la préposée qui ne devait certainement pas être habituée à ce genre de traitement derrière sa vitre blindée.

De retour en ville, j'ai embarqué un homme qui venait de perdre 250 $ dans une machine vidéo poker.

— Astie de christ de machine à marde !

Je ne pense pas qu'il « filait » pour entendre parler des enfants qui meurent de faim.

On a parlé de maudites machines, mais j'avais quand même la tête ailleurs.

Putain de route

L'épaule de douleur irradie et la main arthritique
L'humidité est à ronger j'suis pogné dans l'trafic
Ça fait une heure que je tourne en rond toujours pas d'passager
Cette nuit dans les rues de Montréal les chauffeurs vont speeder
La course au client trop peu pour moi ce soir
Je m'arrête sur un poste et entame un polar
Pas le temps de lire une page on appelle le poste où je suis
Au coin de des Seigneurs–Saint-Jacques dans Little-Burgundy
Je reconnais l'adresse qu'on me donne une prostituée d'la rue Vinet
J'confirme l'appel repose le livre démarre le char et puis j'y vais

C'est une mytho un peu pas mal fendante
Qui semble jamais me reconnaître
Elle raconte des histoires abracadabrantes
Un truc à elle pour ne pas me payer
Me sort toujours une quelconque salade
C'est clair cette femme est une malade
Avant hier elle travaillait dans la police
Ce soir c'est à cause de son fils
A déjà chauffé une mustang
A été chef de gang
C'est une agente undercover
Direction un bar rue Atwater

Va se trouver quelqu'un et boire à l'œil toute la nuit
En échange de son cul tout ça n'est pas gratuit
J'vais l'embarquer encore la semaine prochaine
Comme d'habitude elle ne me reconnaîtra pas
Faut bien l'admettre c'est une grande tragédienne
Sa vie de turpitudes j'en fais plus grand cas
Dans le fond cette histoire est morose et sent le rance
Pas que je juge la fille non ce qui me met en sacrement
C'est qu'elle c'est pour sa dose et moi pour de l'essence
Qu'on se tape ce putain de métier où passent les clients

Dimanche matin

Ça se passe dimanche matin. Je viens de me coller un 15 heures à reconduire des touristes venus pour le Grand Prix, des fêtards de la Saint-Jean-Baptiste, des allumés du ballon rond et les autres qui n'ont pas besoin de prétexte pour se là «péter». Autant par l'affluence que par l'intensité du trafic, je peux dire que ce fut l'une des nuits les plus intenses de ma carrière. Je suis crevé.

J'arrête le taxi devant le Fairmount Bagel et m'extirpe difficilement de l'auto. Mal au dos, mal aux genoux, mal partout. Alors que je me déplie et m'étire, j'observe les pigeons et les moineaux s'empiffrer des graines de sésame parsemées dans la rue par les livreurs.

Un beau grand buffet gratuit pour cette faune aviaire montréalaise qui s'en donne à cœur joie. Dans une ruelle adjacente il y a un gros matou tigré gris qui semble calculer ses chances de choper un des volatiles. Lorsque je le vois ouvrir la gueule pour y aller d'un grand bâillement, je fais pareil et me dis qu'il doit être lui aussi au bout de sa nuit et qu'il ne fait que profiter de la scène en appréciant la tranquillité qui vient à peine de tomber sur la ville.

— J'vais t'en prendre deux au sésame, un power, pis donne-moi donc un pot de saumon HJS, s'il te plaît.

— Comment a été ton nuite?

— Wall to wall action, man. Même pas le temps d'arrêter pour pisser!

— Haha! Mon père pis mon mère, y'on faite ça a lotta years, le cab! Mon mère a été le premier femme à Montréal à faire du taxi. Dans le temps, elle avait pas le droit de faire les nuites par exemp'. Mon père faisait les soirs, pis mon mère les journées. Y'ont élevé seven kids avec ce job-là.

— Ouain, ça a fait des bons enfants ! que je lui réponds avec un beau grand sourire du dimanche.

— You bet, my friend ! Marci beaucoup, pis bonne appétite, là.

— Thanks man. See ya later.

J'ai éteint mon dôme et suis redescendu tranquillement jusque chez moi en m'en mangeant un encore bien fumant. Une nuit bien remplie, les poches aussi. Un repos bien mérité.

Entre deux courses

En plus de me débattre dans le trafic ahurissant du centre-ville et de me battre avec mon propre véhicule, je dois affronter les Jacques Villeneuve en herbe qui essaiment les rues de Montréal. Quoique, à bien y penser, c'est plutôt distrayant. En général, ces pilotes de fin de semaine arrivent en ville en croyant être des as à bord de leurs petits bolides. C'est tellement drôle de les laisser te dépasser et de les voir un peu plus loin obligés d'arrêter au feu rouge. Je les repasse à tout coup, en adaptant ma vitesse à celle des lumières. Je les regarde de nouveau frustrer à mort. Ils en veulent et me repassent à toute vitesse, pour être encore obligés de freiner au feu suivant. C'est immanquable, et c'est encore plus drôle quand j'ai un client à bord qui n'a pas peur de «rouler» un peu. J'aime bien impressionner ces amateurs de bagnoles en tricotant dans la circulation. Rien de tel qu'un petit tour par une ruelle ou une petite manœuvre risquée pour se mériter un bon pourboire. Et encore, si j'avais un char qui aurait de l'allure.

Entre deux «courses», un jeune latino me demande de l'amener à l'Hôpital Juif à Côte-des-Neiges.

— Rien de grave, toujours?

Dans un français approximatif, avec un accent sud-américain impayable, il m'annonce qu'il va être papa.

— Ah ben! Un nouveau petit Québécois pour la Saint-Jean-Baptiste! Félicitations!

Avec un grand sourire, il me regarde et me dit avec fierté:

— Ouné nouévelle Québécoise.

— Ben, tu lui souhaiteras bonne fête de ma part...

— Merci, missiou.

— Muchas gainracias le jeune. Bonne Saint-Jean!

Traitement de canal

En plein milieu de la nuit, une jeune femme monte à bord et me demande de l'amener au canal.

— Tu veux dire sur la rue du Canal?

— Non, juste au canal.

Je suis dubitatif et la regarde dans le rétro. Elle n'a pas l'air intoxiquée. En fait elle a tout de la jeune fille de bonne famille, mais sa destination me laisse perplexe. Je suis en direction du pont qui enjambe le canal sur Charlevoix, et je lui demande ce qu'elle entend par «le canal»? Quelle rue exactement?

— Juste au canal.

Assez laconique merci. Elle me semble dans sa bulle et ne me dira rien de plus. Je trouve la demande bizarre, mais je m'exécute. Je remarque qu'elle a des sacs et je pense que, si son idée était de se «pitcher» en bas du pont, elle n'emporterait pas son magasinage avec elle. Comme elle se tait toujours, je fais de même et prends mon temps. À l'abord du pont, elle me demande de m'arrêter. Je m'approche le plus possible, regarde derrière s'il n'y a pas de véhicules qui s'en viennent, et dis à ma cliente en blaguant:

— Tu te feras pas mal, le pont est pas assez haut.

Son sourire m'ôte mes inquiétudes, mais je me tiens quand même prêt à sortir de l'auto si elle a dans l'idée d'enjamber la rambarde. Elle n'a que quelques pas à faire pour arriver au-dessus de l'eau et, de son sac de plastique, elle sort une petite boîte qu'elle jette par-dessus bord. Elle revient aussitôt et, une fois assise, elle lâche un grand soupir en me disant:

— C'est faite! J'm'en vais à Côte-des-Neiges maintenant.

Pendant le trajet, elle me raconte cette histoire d'amour qu'elle vient de clore symboliquement. Une histoire d'amour comme plein d'autres, banale et intense, ordinaire et magique, tendre et orageuse. Une histoire désormais révolue. Des semaines de larmes et ce paquet du haut d'un pont dans la flotte sous la pluie.

Un cas d'eau.

J'ai bien tenté de savoir ce qu'il y avait dans le paquet. Des lettres? Des photos? Un cœur? Elle n'a pas voulu me le dire et je respecte ça. Pour tout dire, j'ai trouvé que ce cérémonial pour faire son deuil n'était pas ordinaire. J'ai senti que la jeune femme était apaisée et qu'elle passait à autre chose. Fini le passé. Elle se faisait un présent.

Avant qu'elle sorte, je me suis tourné vers elle et lui ai dit qu'elle était jolie et qu'elle n'aurait pas à attendre longtemps pour qu'un autre homme entre dans sa vie.

— Qui t'a parlé d'un homme? qu'elle me dit avec un regard de défi.

— Oh! Bouche la bée, le taximan.

— Merci pour tout, qu'elle me dit, tout sourire.

— Ben, y'a pas de quoi, que je lui réponds en le lui rendant.

Ça a fait ma nuit.

Histoire d'un soir

D ans un appartement de Québec, qui se trouve peut-être dans la basse-ville, peut-être dans Limoilou ou encore dans Saint-Roch, l'histoire ne le dit pas, un homme tient le récepteur du téléphone sur son oreille. Il n'y a pourtant plus personne au bout du fil depuis au moins cinq minutes. Il est presque trois heures du matin et il tente de remettre en place dans son crâne les mots qu'il vient d'entendre. Il se demande s'il rêve encore, mais les pleurs de la petite réveillée par la sonnerie le ramènent à la réalité, et il réalise qu'il nage en plein cauchemar.

Au même moment, un couple monte dans un taxi devant un bar de la rue Crescent. La femme aux cheveux roux, presque rouges, est superbe dans sa robe noire échancrée. Elle a beaucoup trop bu et rit idiotement aux commentaires stupides que l'homme adresse au chauffeur qui les conduit à NDG, dans le secteur des motels bas de gamme. Pendant le trajet, le couple se pelote sur la banquette arrière et la femme bafouille entre deux baisers comment elle se sent enfin libre et combien il était temps qu'elle fasse le « move ». « Oui bébé, vient ici bébé », lui répond l'homme qui fait un clin d'œil à l'intention du chauffeur, qui regarde de temps en temps dans son rétroviseur.

Peu de temps après, alors que le couple s'envoie en l'air dans le motel et que l'homme à Québec tente de consoler sa fillette, le chauffeur de taxi est revenu à toute vitesse sur la rue Crescent pour le rush de la fermeture des bars. Il fait monter deux Français qui veulent aller sur le Plateau. Ils rigolent et discutent entre eux d'une rousse flamboyante, une amie d'une amie qui est partie avec un pote à eux.

— Quelle bête, ce type!

— Y'a pas une semaine qu'il emballe pas une nouvelle meuf!

— Quelle conne, cette rouquine!

— T'étais là quand elle a planté son mec au téléphone?

— J'ai hâte d'entendre la suite de l'histoire!

— Tu parles.

(...)

Sale course

Ç a se passe à la fermeture des bars en plein hiver. Il fait très froid dehors et les gens se bousculent pour essayer de trouver un taxi encore libre. J'embarque ces trois jeunes filles devant l'ancien Peel Pub sur De Maisonneuve. Elles montent derrière et me demandent de les emmener à Pierrefonds dans le nord-ouest de l'île. Quand c'est occupé comme ce soir, ça me fait un peu chier de sortir de mon territoire, mais ça reste une excellente course. Je me mets donc en route.

Je n'ai pas deux coins de rues de fait que la fille assise entre les deux autres se met à vomir sa soirée. En général, il y a des signes avant-coureurs quand quelqu'un est sur le point d'être malade. On a le temps de tasser le taxi sur le bord de la route. Dans ce cas-ci, l'éruption est autant inattendue que violente. La fille dégueule devant elle sur les dossiers de mes banquettes. J'ai juste le temps de me pencher pour ne pas être aspergé par le geyser. Je freine et me range sur le côté, mais beaucoup trop tard. La fille continue de se vider sur elle et sur ses comparses. Tout le monde crie, moi le premier. C'est le chaos.

Ma nuit est tout simplement foutue. Tant qu'à faire, aussi bien compléter cette course jusqu'au bout. Au moins, je n'aurai pas tout perdu. Évidemment, l'atmosphère devient vite irrespirable. L'odeur de bile envahit l'habitacle et j'ai beau rouler à plus de cent sur l'autoroute, j'ouvre tout grand ma vitre malgré le froid, question de ne pas être malade à mon tour. Pas nécessaire de dire que l'ambiance est glaciale. Les filles s'insultent entre elles dans un mélange d'anglais, de créole et de québécois. En d'autres temps, j'aurais trouvé ce charabia fort sympa, mais, pour l'instant, c'est loin d'être le cas.

Le trajet est un vrai calvaire chargé de miasmes de vomi, de hurlements divers et je ne suis pas au bout de ma peine car, avant qu'on arrive à destination, l'une des filles m'annonce qu'il faut arrêter dans un guichet pour aller chercher de l'argent. Grrrr. J'arrête dans une station-service, la machine ne marche pas. Un second arrêt, un troisième, toujours pas de résultat. Je passe proche de sauter les plombs quand l'une des aspergées me demande pourquoi je n'arrête pas le compteur. Mon regard enragé lui ôte toute velléité de poursuivre le débat. Celle qui a fait le vide au début de la course annonce enfin que sa mère va probablement pouvoir payer.

Là-bas, les hurlements reprennent de plus belle. Évidemment, les trois filles sont souillées de vomi et l'emprunt de cinquante dollars pour payer le taxi qui attend à la porte n'a pas l'air de ravir la matriarche outre-mesure. Pendant que l'engueulade fait rage à l'intérieur, je regarde dépité l'étendu des dégâts dans le taxi. Il y en a partout! Même dans le cendrier. C'est l'apothéose du dégoûtant! Je m'empare d'un journal et enlève le plus gros en avalant ma rage et pour ne pas vomir à mon tour. Je ne me souviens pas avoir fait autre chose d'aussi dégueulasse dans ma vie.

Une des filles revient enfin avec l'argent. Évidemment, le compteur dépasse maintenant ce qu'elle me donne mais ce délire a assez duré. Va falloir que je revienne rapidement en ville pour nettoyer à fond avant que ça sèche. Je n'aurai évidemment pas droit à un extra, encore moins à des excuses. Probablement une des pires courses que j'ai eu à faire.

Heureusement, ça ne se passe pas toujours comme ça. Je me souviendrai toujours de cet homme sortant de l'Intercontinental. Il a tout juste le temps de me donner son adresse, de se pencher et de se vider entre ses pieds. La course n'a pas été des plus cordiales. J'ai fais le trajet en maugréant, faisant tout pour entretenir la honte qui animait mon passager. À destination, ce dernier m'a réglé la course et c'est tout penaud qu'il m'a filé un cinquante dollars en guise de compensation. J'ai empoché sans remercier et suis reparti aussi sec. Quelques coins plus loin, j'ai arrêté le taxi pour faire un constat des dégâts somme toute limités au plancher du taxi. J'ai mis mes mitaines et couvert le tout de neige pour me rendre au garage le plus près, question de laver le tout. À mon arrivée, le dernier souper de mon client s'était agglutiné à la neige et j'ai pu finir ma nuit comme si de rien n'était.

Il y a aussi cette fois mémorable où une cliente est redescendue de son appartement avec un seau, des produits nettoyants, et des gants de caoutchouc pour laver le dégât que sa copine venait de faire. Ça en était presque gênant. Mais bon, une fois n'est pas coutume !

Le 10 piasses

Quand je parle aux vieux de la vieille, tous me disent que le taxi, c'est plus ce que c'était.

Les chauffeurs ne se respectent plus entre eux. Les vols d'appels sont de plus en plus fréquents et, sur la route, c'est la course permanente. Ça se coupe, ça fait des « U-turns », il y en a même qui n'hésitent plus à brûler une rouge pour prendre le client qui t'attend de l'autre côté. À force, on s'adapte. Sur la route, je n'ai pas de problème. Je tiens mon « boute », comme on dit. Viens me frôler et viens me couper si tu veux, mais attends-toi à la même chose. Faut avoir les nerfs assez solides des fois, surtout avec les chauffeurs affamés qui ne roulent que la fin de semaine. Des vrais rapaces. À trois heures du mat', si vous n'êtes pas trop bourrés, regardez comment les taxis roulent. Ça craint.

Encore là, si le manque de respect ne se passait que sur le « turf », je m'en accommoderais. Mais, la semaine dernière, il s'est passé de quoi au garage qui m'a presque fait sauter les plombs.

J'essaie toujours d'arriver un peu en avance, des fois que le chauffeur de jour avec qui je partage le véhicule arrive avant cinq heures. Je bénéficie de ces précieuses minutes pour être dans le centre-ville quand les bureaux se vident. Mais, ce jour-là, le gars de jour est en retard. D'habitude, le patron fait en sorte que les chauffeurs qui partagent les taxis soient toujours les mêmes et, en général, je partage celui que je loue avec un Iranien qui a toujours le gros sourire accroché au visage. On ne se jase pas beaucoup, juste des formules de politesse et des questions se rapportant au véhicule, mais ça colle bien entre nous. Souvent je lui laisse un peu d'argent si je reviens trop tard avec un taxi qui a besoin d'un lavage. On a une bonne entente. Mais là, je partage le taxi avec un Algérien que je croise presque tous les jours, mais avec qui je n'ai jamais vraiment jasé. Je ne suis pas là pour faire du social. Je suis là pour gagner ma croûte, pis ça fait une demi-heure que je fais le croûton.

Il est salement en retard. Cinq, dix, quinze minutes à la limite, je peux comprendre. Le trafic, un client difficile, un imprévu, je peux faire avec. Mais quand il arrive à 5 h 35, je suis assez énervé. Je me console en me disant que je n'ai pas tout perdu, car il y a une règle fixée par le patron qui exige que le retardataire donne 10 $ à l'autre chauffeur. Dès qu'il sort du taxi, il me dit avec un petit sourire arrogant qui me revient pas trop que je peux garder l'auto une demi-heure de plus le lendemain matin. Comme si l'affluence était la même.

— Ouain, c'est ça. Maintenant, donne-moi mon 10 $.

— Non, je te donne rien !

J'ai le sang qui commence à bouillir, mais je reste de glace. Le patron observe la scène sans rien dire. D'habitude, il ne se gêne pas pour mettre les points sur les « i », mais curieusement il reste un peu à l'écart et ne semble pas vouloir intervenir. Ça me fruste d'autant plus que l'autre s'apprête à s'en aller.

— T'es en retard, tu me payes. Qu'est-ce tu comprends pas là-dedans ? Le type ne me regarde même pas et me répond en tournant les pas :

— Fuck you !

— Pardon ? Mais quel sorte de petit trou de cul que t'es, toé ? Je gueule autant de rage que parce que le gars s'éloigne.

À côté, il y a le patron qui ne dit toujours rien, il y a un autre chauffeur qui lave son taxi et, plus loin sur leur galerie, des voisins ont l'air de s'amuser. Le mécano remplace un chapeau de roue que s'est détaché et jette ensuite un œil sur le niveau d'huile. Pendant ce temps, je fais le tour de l'intérieur. C'est plein de journaux qui traînent et des miettes de sandwiches sur les banquettes. Je suis en beau calvaire, mais je serre les dents. C'est alors qu'en voulant mettre mon permis de travail à sa place, sur le montant entre les portières, je m'aperçois que le mec a oublié le sien. Je m'en empare, le mets dans ma poche et, tout à coup, je me calme, car je sais que je viens de le baiser.

En relevant la tête, je le vois revenir. Je sais pourquoi il revient et m'empresse de retirer mon permis pour pas qu'il parte avec. Il revient tranquillement. Je le regarde sans tourner la tête. J'ai une gueule qui dit «approche-toi pas trop proche». Le gars s'avance vers l'auto, mais curieusement il va vers le coffre à gants et y prend quelque chose que je ne vois pas. Pas une fois il ne regarde vers l'endroit où l'on accroche le «pocket». Je ne dis rien, mais y'a pas mal de tension. On se regarde en chiens de faïence. Les voisins plus nombreux attendent qu'il se passe de quoi. Il y a de l'électricité dans l'air, pis il manque pas grand-chose pour que ça éclate. Mais je ne bronche pas et le regarde s'en aller de nouveau.

Ça prend une autre demi-heure pour que l'adrénaline retombe. Je réfléchis à ce que je vais faire avec le permis de l'autre. Sans ça, il ne peut pas louer de véhicule. Ou, s'il se fait prendre, c'est une amende assez salée. Je ris dans ma barbe, mais en même temps je culpabilise. Je me dis que ça fait pas mal de niaisage pour 10 $. Mais ce n'est pas autant pour le cash que pour le principe. Juste une question de respect, finalement. Il y a également l'attitude du mec qui m'a aussi vraiment fait chier, même si avec le recul je me rends bien compte que la mienne ne devait pas être tellement mieux. Bref, plus tard dans la soirée, j'entends le répartiteur répéter mon numéro de dôme. Il veut me parler et je sais pertinemment pourquoi. Mon chauffeur de jour vient de se rendre compte qu'il a «oublié» de quoi. Je ne réponds pas à l'appel. Qu'il dorme là-dessus, s'il est capable.

J'ai pensé couper son permis en deux, le «crisser dins vidanges», pisser dessus, faire une moustache sur sa photo. J'ai pensé le faire chanter, mais finalement la nuit m'a été fidèle et, comme d'habitude, elle m'a porté conseil. Au petit matin, j'ai laissé le permis du mec dans la boîte aux lettres du garage. Je ne sais pas comment il a réagi en le retrouvant et, pour être franc, il peut toujours aller se faire foutre quant à moi. Dans la boîte aux lettres, il y avait aussi mon enveloppe de paiement avec 10 $ de moins dedans. Que le patron s'arrange avec ses règles et avec l'autre. En ce qui me concerne, j'ai l'esprit en paix et je dors sur mes deux oreilles.

Bonne fête CIBL

Hier soir, au belvédère du Centre des sciences, tout au bout de la rue Saint-Laurent, on fêtait le 25ᵉ anniversaire de la station de radio communautaire CIBL. Entre 1988 et 1996, j'y ai produit et co-animé une émission de rock alternatif franco qui s'appelait *Y'a de la joie dans le ghetto*. Ça se passait avec la grosse bière sur la console, c'était sale, méchant et souvent bête. Mais, au-delà du trip d'ados attardés que nous étions, l'émission se voulait une super plateforme pour passer les messages sociaux et politiques des bands que nous faisions tourner. Ça portait bien son nom (qu'on avait piqué sur une toune des premiers Renaud), et ce fut toute une époque.

Pourtant, je n'étais pas chaud à l'idée d'aller faire mon tour pour les célébrations. *A priori*, je ne suis pas très friand des bains de foule et encore moins de ce genre de soirées que l'on passe à répéter à l'un et à l'autre le même résumé «fashion» de ce qu'est devenue notre petite personne. Me taper les sourires forcés, le «P-R» et tout ce cirque sans pouvoir boire une goutte parce que mon taxi m'attend. Trop peu pour moi. Je ne dois pas avoir ce certain gène du bien se comporter en société. À moins qu'en société je me comporte avec une certaine gêne? Hum… J'vais y penser.

Toujours est-il (comprends-tu) que je suis là à rouler dans Montréal, branché sur le 101,5 et que j'écoute les invités qui se succèdent venir raconter leurs souvenirs, leurs anecdotes et monte en moi une espèce de nostalgie dont je n'ai pas l'habitude. Mon taxi est payé et, ne serait-ce que par acquit de conscience, je décide d'aller faire mon tour à la fête. Je parque le cab sur le poste en bas de la Commune, en espérant ne pas prendre de ticket, et je me rends jusqu'aux portes de la salle qui est bondée. Il y a aussi beaucoup de monde à l'extérieur et tout à coup l'envie de pénétrer dans ce souk disparaît tout aussi vite qu'elle m'était venue. Je m'installe donc en retrait et observe cette faune dans laquelle je ne reconnais personne, du moins personnellement. Comme j'ai eu l'idée de m'apporter un café, je me dis que je vais le finir tranquillos et retourner ensuite dans ma carapace de métal.

C'est alors qu'arrive mon bon vieux chum Siris. Un artiste et dessinateur de BD que j'ai justement connu dans cette glorieuse période où je faisais de la radio. En parallèle, on publiait des fanzines et Siris dessinait des bulles, pendant que moi je partais sur des «ballounes». C'est un des rares amis de cette épique époque avec qui j'ai gardé contact. C'est vraiment drôle, car je ne bronche pas alors qu'il arrive à ma hauteur, me regarde distraitement et passe tout droit.

— Eille, chose!

— Léongue! Ma poule! Faut que j'aille prendre mon bus!

Il reste à Saint-Jean-sur-Richelieu, ce zigue.

— J'vais aller te reconduire au terminus, vieux. Laisse-moi finir mon café.

Alors qu'on jase de choses et d'autres arrive un autre vieux pote avec qui j'en ai reviré quelques-unes. Patrick Baillargeon, qui écrit maintenant dans l'hebdo *ICI Montréal*, entre autres choses, et qui à l'époque animait, sur CKUT, l'émission *Comme un boomerang*. C'était un peu mon maître à penser, mais c'est surtout un sacré bon gars avec lequel j'ai toujours eu des bonnes «vibes». La dernière fois que je l'avais vu, c'était par hasard, je l'avais eu comme client. Comme je ne vais plus voir trop de

« shows », ça devait faire une couple d'années qu'on s'était pas jasé.

— Putain, Léon! Ça fait une paye!

— Hey! Pat de Brat! Comment ça va la vie?

C'est comme si on s'était vus la veille. Avant que je parte reconduire Siris, on a eu le temps de s'échanger quelques souvenirs et quelques anecdotes. Éminemment sympa. Ma conscience pouvait partir en paix.

Mais le plus beau de l'histoire, c'est qu'après être allé reconduire mon bon Siris au terminus je suis retourné au Centre des sciences et j'ai passé le reste de ma nuit à reconduire des gens qui quittaient la fête. Ils m'ont tous fait un topo de ce que fut la soirée. J'ai partagé avec eux moult souvenirs de la station, sans sourire forcé, sans bain de foule et sans gêne.

Somme toute, une sacrée belle soirée.

Bonne fête CIBL! Et longue vie! Question que je me tape les noces d'or!

Ah! Comme la pluie a plu!

Sans vouloir verser dans l'ironie, je me mouille : moi, la pluie me plaît !

Je sais, je sais, autant de flotte, c'est dégoûtant ! Mais, pour un chauffeur de taxi, ce sale temps apporte de l'eau au moulin. Ça m'aide à éponger mes dépenses, à remplir mon réservoir et, à la fin du mois, je me sens moins à sec.

N'allez pas croire que je suis imperméable à vos larmes, concernant ce temps de canard. Mais je suis de cette trempe d'homme qui aime la pluie. Ça change de ces trop belles soirées où les clients se succèdent au compte-gouttes.

Bon, je cesse de vous inonder avec mes débordements de moite satisfaction. J'arrête de vous asperger avec mes vannes. De toute façon, j'ai une douche à prendre et ensuite je vais ramer jusqu'à mon lit qui demande pas mieux.

L'ère du cellulaire

Un lecteur m'a envoyé un article paru dans *La Presse* la semaine dernière, dans lequel Nathalie Collard se désole du fait que les chauffeurs de taxi d'aujourd'hui parlent plus au téléphone qu'à leurs passagers. Les conversations à bâtons rompus, le Montréal commenté, les observations météorologiques, les confidences diverses dont les chauffeurs meublaient leurs courses ont disparu au profit du cellulaire. La journaliste ajoute que, pour avoir du vécu de taximan, il faut maintenant passer par les blogues, et elle me fait au passage une petite plogue.

Pourtant l'utilisation du téléphone cellulaire n'est pas l'apanage des chauffeurs de taxi. Faut pas se promener longtemps sur Sainte-Catherine pour constater le nombre impressionnant de personnes qui ont l'oreille vissée à leur appareil. C'est un fait de société qui se répercute partout, dans les rues et dans les véhicules qui roulent dessus. La journaliste a beau s'attrister de ne pas trouver d'interlocuteur lorsqu'elle grimpe à l'intérieur d'un taxi, je peux lui dire que, plusieurs fois par nuit, mes conversations avec mes clients sont interrompues par un appel impromptu. Comme quoi ça va des deux bords.

Ça me rappelle un soir. J'ai quatre hommes comme clients qui s'en vont sur Saint-Laurent, dans le secteur des bars chic. Sonne alors le téléphone de l'un d'eux. L'autre en profite pour passer un appel. Le téléphone du suivant sonne, et ça prend pas une minute pour que celui du quatrième sonne aussi. C'est presque surréaliste. Mes quatre clients parlent tous en même temps et, comme si la situation n'était pas encore assez cacophonique, mon téléphone se met à vibrer! Je me souviens encore du regard ahuri d'un automobiliste arrêté à mes côtés à une lumière. Assez cocasse, merci.

Mais bon, je comprends les doléances de la journaliste. Ce n'est pas des plus intéressant de devoir se farcir un chauffeur qui discute avec une tierce personne. En ce qui me concerne, j'abrège mes conversations au téléphone quand je fais monter un passager. C'est juste une question de respect. Par contre, je ne suis pas d'accord avec elle quand elle préconise l'interdiction du cellulaire (qu'elle semble ne vouloir limiter qu'aux chauffeurs de taxi!). Aujourd'hui, beaucoup de clients font affaire directement avec un chauffeur avec lequel ils se sentent à l'aise. C'est aussi utile de rejoindre ses proches, une remorqueuse en cas de besoin, ou encore le 911. Pour une question de sécurité au volant, je serais d'accord avec le port obligatoire du casque (*head-set*), mais l'interdiction du cellulaire? Je n'y crois pas. On peut quand même en parler...

Je me suis réveillé en catastrophe, et c'est sans déjeuner que je pars chercher mon taxi. Je n'ai qu'une seule idée en tête: revenir à l'appart' me faire un café très fort et bouffer quelques trucs avant d'entamer ma nuit. Sur la route qui m'y ramène, je passe devant le poste de la place d'Armes et constate qu'il n'y a pas de taxi. C'est surprenant pour l'heure, car c'est un des postes les plus occupés quand les bureaux ferment. Je décide de retarder mon café, car je sais que je n'y niaiserai pas longtemps.

Après un gros cinq minutes d'attente, un confrère arrête à ma hauteur et débarque une femme qui monte dans mon véhicule.

— J'espère que vous allez sur la rive sud, me dit-elle.

— Bien sûr, pas de problème.

— Prenez le pont Victoria, s'il vous plaît.

Ça ne me plaît pas vraiment et je comprends l'autre chauffeur d'avoir refusé la course. Ce n'est pas que ce soit un mauvais voyage en soi, c'est juste qu'à cette heure de la journée le pont Victoria n'est ouvert que dans une direction. Ça implique un long détour sur la rive sud pour revenir par l'un des autres ponts. Mais bon, je fais contre mauvaise fortune bon cœur. Comme on dit, ça fait partie de la « game ».

Je n'ai pas cinq cents mètres de faits que ma cliente est déjà au téléphone. Ça adonne bien, car je ne suis pas trop réveillé et je peux continuer de bâiller dans ma barbe pas faite. Je fais passer le son sur les haut-parleurs de devant et écoute, d'une oreille, la conversation de ma passagère qui parle à son chum et, de l'autre, les infos qui m'apprennent qu'un chauffeur de taxi de Gatineau a tué sa femme et sa belle-mère avant de se pendre.

À l'heure qu'il est, il y a pas mal de trafic à l'approche du pont, mais le compteur roule. Il fait beau. Je regarde les nuages et note mentalement des idées de photos.

Ma cliente en est déjà à son troisième appel. La radio parle d'un incendie à Istanbul. Je pense à ce que je mangerais bien pour déjeuner. Yves Desautels ne m'apprend rien en disant que ça roule au ralenti. Un peu pas mal comme dans ma tête. Sur le pont, je m'engage sur la voie de gauche et lève le pied pour voir tranquillement le fleuve couler. Je passe rarement de ce côté. Un point de vue vraiment unique. J'apprécie le moment.

Arrivé de l'autre côté, je demande à ma cliente de m'indiquer où elle veut que je la dépose. Notre conversation va se limiter à ça. On s'arrête dans le parking d'un garage et elle me remplit un coupon-taxi qu'elle me tend avant de débarquer. Avant de reprendre la route en direction du pont Jacques-Cartier, je jette un coup d'œil au coupon et me mets à rire. On devait être dus pour ne pas se parler. C'était signé N. Collard !

L'amer

L'homme s'est affaissé sur le siège arrière en lâchant un soupir qui en disait long sur la soirée qu'il venait de connaître. Il m'a dit où il voulait aller, m'a demandé s'il pouvait fumer et a pris une grande bouffée de nicotine salvatrice. Il n'en fallait pas plus pour qu'il se détende enfin. Il portait sur lui l'odeur des heures passées dans une cuisine. Un mélange de bouffe et de sueur.

Je capte son regard dans le rétroviseur et dis :

— Une autre de faite ?

— Mets-en ! J'viens de faire un double, j'suis crevé. Pis demain j'ai un autre double, je dois être fou !

— Tu veux ! Qu'est-ce tu vas faire avec tout ce cash ?

— Ah, si tu savais !

Je n'ai pas eu à lui tordre le bras pour lui faire sortir le trop-plein. Des fois, la vie force les débordements. Il m'a parlé de ses fillettes, de son divorce, de la vie de débile qu'il doit se taper pour payer la pension alimentaire. Il m'a exprimé la haine qu'il éprouvait à l'égard de son ex. Dérangeant…

— Tu vas quand même pas aller grimper dans un pont, toujours ? ai-je ajouté, pour alléger un peu l'ambiance.

Il s'est allumé une autre cigarette et m'a dit qu'il y pensait, des fois. Il a continué à verser son venin sur le système, mais revenant encore avec hargne dans son dégoût envers la mère de ses enfants. Un discours fielleux, empli de violence. Pas de ceux qu'on aime entendre. En même temps, le fait qu'il verbalise cette haine, qu'il sorte le méchant en fin de compte, je crois que ça ne pouvait pas faire de tort.

— Elles ont quel âge, tes p'tites ? Comment elles s'appellent ?

Là, le discours de l'homme s'est fait tout autre. Il m'a
parlé avec affection de ses fillettes de deux et quatre ans. De
comment elles étaient tout pour lui. De l'amour inconditionnel
qu'il recevait d'elles. C'était comme si je venais de changer de
client. Pas le même gars pantoute !

— C'est juste plate que leur mère soit folle ! ajouta-t-il en
arrivant devant chez lui.

— C'est jamais simple, ces histoires-là. Tu sais, des fois faut
serrer les dents, être patient, pis attendre que le temps fasse la
job. Dans quelques années, tes filles vont être reconnaissantes
de ce que tu fais pour elles.

— Je le sais bien. C'est juste que c'est la fête des Mères en
fin de semaine, pis je pourrai pas les voir. Ça me frustre !

— Ça paraît presque pas !

J'ai réussi à le faire rire un peu. J'ai senti que ça lui avait fait
du bien d'en parler. Des fois, ça peut aider. De la vitre du taxi,
je lui ai lancé :

— Va pas grimper dans le pont, là !

Il m'a salué de la main, et j'ai continué ma nuit en me
demandant ce que j'offrirais bien à maman demain.

Race de monde

Ces derniers temps, on m'a posé pas mal de questions sur André Arthur et ses commentaires racistes concernant les chauffeurs de taxi haïtiens et arabes. Selon lui, ces chauffeurs sont incompétents, ils sentent mauvais, ils parlent « drôle », et quoi d'autre ?

Les problèmes de racisme dans le milieu du taxi sont monnaie courante. Tant que l'homme sera ce qu'il est, je ne vois pas comment il pourrait en être autrement. Par exemple, il n'y a pas une maudite journée sur la route qui se passe sans qu'on me dise : « J'suis content que ce soit pas encore un crisse de nègre ou un astie d'arabe. » Je suis vraiment fier de ma race, dans ce temps-là ! Parfois, je joue à l'avocat du diable et je les encourage dans leur délire, pour voir jusqu'où leur haine peut aller. C'n'est pas toujours beau à entendre. André Arthur, à côté, c'est de la petite bière. Parfois, je leur dis que ma femme est Martiniquaise, juste pour les voir s'empêtrer dans leurs propos.

Le problème avec le racisme, c'est qu'il est justement entretenu par des gens comme André Arthur. Ce genre d'individu attise les préjugés et la haine. C'est bon pour les cotes d'écoute. Le vrai problème, c'est qu'on accorde trop d'importance à ce qu'ils disent. Si les gens arrêtaient de se fier aux foutaises de ces démagogues et aux manchettes sensationnalistes qui emplissent les pages des journaux, s'ils sortaient un peu dans la rue pour côtoyer ces gens venus d'ailleurs, peut-être qu'ils verraient que les aspirations de ces gens-là ne sont pas tellement différentes des leurs.

Peut-être suis-je privilégié par mon métier de pouvoir jaser avec des immigrés qui viennent de partout dans le monde. C'est ce que j'adore de Montréal. Cette mixité, ces couleurs, ces odeurs, ces cultures qui se mêlent, personnellement, je trouve ça extraordinaire. André Arthur affirme que le taxi est devenu le tiers-monde du transport en commun à Montréal ? Eh bien, je suis fier d'en faire partie.

Qu'on s'entende bien, là, je ne suis pas sans tache. Il m'arrive d'être intolérant envers autrui. Je vais même être le premier à déblatérer contre les « Chinois » derrière un volant. Il y a des chauffeurs de taxis d'origines variées qui me font chier des briques. Mais mes emportements n'ont rien à voir avec leur race. Ça a plus à voir avec leurs agissements et leur manque de respect. Si un chauffeur me vole un voyage, un soir, je ne ferai pas porter le chapeau à tous ses compatriotes. Des imbéciles et des « mangeux de marde » il y en a partout. Ce n'est pas une question de race ou de couleur de peau. Il y a aussi certains de « souche » que je ne suis pas capable de sentir. Comme je disais, tant et aussi longtemps que l'homme sera ce qu'il est...

Mais bon, c'est clair que l'intolérance entraîne la méfiance. Si un chauffeur fait monter un client qu'il sent haineux, pensez-vous qu'il sera porté à lui donner un bon service ? Il y a toujours des enchaînements qui se font et c'est à nous tous de briser ces chaînes.

La prochaine fois que vous monterez à bord d'un taxi conduit par un Haïtien, un Libanais, un Iranien, un Pakistanais ou quelle que soit son origine, au lieu d'être méfiant envers cet individu qui essaie de faire son boulot, demandez-lui de vous parler de son pays. Peut-être que votre course en vaudra plus le coût.

Les motards de la Montagne

Je suis stoppé dans le trafic sur la rue de la Montagne devant l'hôtel du même nom. En sort un mastodonte qui lève à mon attention une main couverte de tatouages. Il est accompagné d'une fausse blonde qui lui arrive à peine au torse. C'est dire l'ampleur de la bête ! Il ouvre la portière derrière moi pour laisser s'asseoir la fille. En se tournant, j'ai tout le loisir de voir brodé sur son blouson de cuir les insignes des Hells Angels. Merde ! Ils n'ont plus de motos ces types ! Avant même qu'il ait contourné le véhicule pour venir s'asseoir à mes côtés, je sens la nervosité s'emparer de moi.

Le type est gigantesque. Quand il monte, je sens le taxi s'affaisser un peu. Poliment il me demande de les conduire sur Sainte-Catherine dans l'est. J'embraye donc le taxi et commence à avancer tranquillement quand j'aperçois *in extremis*, une autre armoire à glace, qui s'apprêtait à monter à bord. Je suis tellement intimidé que je ne m'étais pas rendu compte que j'avais encore une porte d'ouverte. Je freine aussi sec et j'entends le motard lâcher une couple de sacres. Je ne suis pas gros dans mes culottes quand il monte à son tour. Heureusement, le tatoué assis à mes côtés rit un bon coup, ce qui désamorce un peu l'affaire. Je me confonds en excuses, mais je sens bien que le gars assis derrière moi a le goût de m'arracher la tête. Je pense que tant qu'on reste en mouvement je suis « safe ».

Je fais ce que je peux pour m'extirper du trafic du centre-ville en passant par une ruelle. Ça semble plaire au monstre assis à ma droite. J'arrive à égrener les cinq cennes à bon rythme sur le compteur. Le gars derrière semble se détendre un peu, mais pas moi. Je suis nerveux d'avoir ces motards dans mon taxi et le fait qu'ils arborent tout les deux leurs couleurs ne me rassure pas trop. La fille, quant à elle, a l'air défoncée juste ce qu'il faut pour bien jouer son rôle de parure dans le décor.

Quelques minutes plus tard, nous arrivons enfin à destination. Une taverne miteuse qui semble fermée. Les néons de son enseigne sont éteints ou cassés. Ça fait dur. L'ogre à mes côtés me paye la course et me donne un billet de vingt en me demandant de rester là. À la façon dont il me regarde, c'est hors de question que je bouge d'où je me trouve.

Nerveusement, j'attends devant le bar en fumant cigarette sur cigarette. Dans ma tête, j'envisage toutes sortes de scénarios abracadabrants. À chaque instant, je me dis que je vais entendre des coups de feu, que les types vont sortir à toute vitesse, et qu'une poursuite endiablée va s'ensuivre. Je me vois déjà au terme de la course, me faire tirer à bout portant par le gros, encore en crisse après moi. Pourtant, je reste là.

Après plus d'une heure d'attente, mon taximètre affiche vingt-cinq dollars. J'ai envie de pisser et de partir. Je prends alors mon courage à deux mains et j'entre dans la taverne pour voir si les motards sont toujours là.

À part un clochard écroulé sur sa table, l'endroit est vide. Je m'avance lentement vers le barman qui essuie des verres, en me regardant d'un œil torve. Timidement, je lui demande si mes clients sont encore là. Il continue d'essuyer ses verres en hochant la tête de gauche à droite. Son regard me signifie de foutre le camp. Je n'argumente pas.

De retour dans le taxi, je me souviens de cet autre taxi que j'ai vu sortir de la ruelle. Les motards brouillaient les pistes. J'ignore ce qui s'est passé ce soir-là à l'hôtel de la Montagne et, pour tout dire, je ne m'en porte pas plus mal.

Histoires d'amour

À la fermeture des bars, je fais monter ce jeune couple devant le Diable vert sur Saint-Denis. La fétidité de leurs haleines m'en dit long sur leur taux d'alcoolémie. Mais, n'eût été de leur beuverie respective, ils ne se seraient peut-être pas rencontrés. C'est mignon comme tout, ces prémices à un *one night stand*. Les rires niaiseux, les gestes maladroits, les propos timides. Le gars n'a pas l'air vite vite et c'est la fille qui «call les shots». C'est d'ailleurs vers son appart' dans Rosemont que nous nous dirigeons. Je clenche et ne dis pas un mot. J'ai monté le son de la radio. Sur CHOM, U2 joue *One Love*. Le «timing» est bon, la fille attire le mec vers elle et lui roule une pelle. Ça dure quelques minutes pendant lesquelles je me dis que j'aurais peut-être dû leur proposer de la gomme. Dans mon rétro, ils n'ont pas l'air de s'en faire avec ça, les deux ont les yeux qui brillent et va savoir si cette soirée ne sera pas pour eux le début d'une belle histoire d'amour.

Sur la route du retour vers le bas de la ville, j'arrête le taxi à côté d'un homme au bras levé. Une fois assis, il me demande de patienter un instant, le temps que sa copine sorte du logement où ils ont passé la soirée. Après qu'elle eut pris place à ses côtés, je comprends rapidement qu'il y a un sacré froid entre les deux. Ils regardent chacun de leur côté et le silence glacial en dit long. Toujours à CHOM, la radio joue *Bad Company 'Till the Day I Die*. Je ris dans ma barbe (des séries) et dans mon rétro, ça n'a pas l'air d'aller. Les deux ont des visages crispés et va savoir si cette soirée ne sera pas pour eux la fin d'une belle histoire d'amour.

Y'a des nuits comme ça

La pluie, un samedi, c'est toujours bienvenue pour arrondir ses fins de mois. La nuit a été assez fertile en clients de toutes sortes. J'ai parlé de la victoire du Tricolore, du prix du gaz, d'André Arthur, de la journée de la Terre. J'ai entendu des histoires de cul, de cœur, de cash, et quoi encore ?

Vers trois heures et quart, je m'arrête au Ultramar coin du Parc et Villeneuve. Mes cinq-six derniers clients m'ont payé avec des 20 $ et je n'ai plus de 5 $ ni de 10 $. Alors que le préposé me fait du change, un kid derrière moi prend la poudre d'escampette avec deux caisses de 12. Un petit *after-hour* improvisé, à ce qu'on dirait. L'homme qui me sert lâche alors un cri, saute par-dessus le comptoir et se lance à sa poursuite. L'auto qui attend le voleur n'a pas le choix de contourner mon taxi. Ça me laisse amplement le temps de noter mentalement la plaque et la marque du véhicule. J'ai presque le temps de prendre une photo ! Je m'informe de l'état coronarien du type qui revient penaud derrière son comptoir, lui laisse mes coordonnées, prends mon change et repars faire le tour des bars pour mon *last-call*.

Je retourne sur Saint-Laurent voir si le hasard ne mettrait pas sur ma route une superbe blonde en quête d'aventures extraconjugales. Je n'ai droit qu'à un Russe bien bourré de vodka qui porte sur lui un costard et des bijoux qui valent pas loin de mon revenu annuel. Quand je le dépose, il me dit que je peux garder le change. Un dix pour une course de 9,65 $. Bah ! En autant que Kovalev continue de la mettre dedans, je suis bien prêt à passer l'éponge avec tous ses compatriotes.

Quelques courses plus tard, mon compte est bon et je descends Saint-Denis pour aller prendre le tunnel Ville-Marie. Je pense déjà à la grosse Heineken qui m'attend. Maudit qu'elle va bien rentrer. C'est alors que j'aperçois, près de La Gauchetière, un confrère qui a maille à partir avec deux Noires devant un hôtel de passe. Je m'arrête à leur hauteur pour voir si le chauffeur n'est pas dans le trouble et j'aperçois derrière son taxi une pile de linge dans la flotte. C'est une course qui semble avoir mal tourné. Je comprends vite que le chauffeur n'a pas été payé ou qu'il y a un litige sur le prix du voyage. Il a dû pogner les nerfs et larguer le bagage des filles dans la rue. J'ai à peine le temps de sortir de mon auto que les coups commencent à pleuvoir. Je n'aime pas trop un mec qui tapoche une fille, mais en m'interposant j'ai la nette impression que c'est à ce dernier que je sauve la mise. Je raisonne la plus grande des deux filles en lui disant qu'elle va se mettre dans la merde si elle continue. J'enjoins le chauffeur arabe de retourner dans son cab, mais il insiste et la petite teigneuse s'apprête à lui démolir son parapluie dans la face. Sur ces entrefaites, un clochard sorti de nulle part se joint à nous et un autre taxi s'arrête pour regarder le show. Ce n'est pas la meilleure des idées de se mettre entre deux personnes qui se frappent, mais j'arrive néanmoins à convaincre le chauffeur de retourner dans son taxi avant que ça dégénère d'aplomb. J'empêche ensuite la petite d'arracher l'antenne radio du taxi, et un autre confrère arrive. La grande est partie vers l'hôtel avec une brassée de linge à faire sécher. Un autre taxi arrive. Le clochard me demande du change, je lui file une piasse. Un autre taxi arrive. Il commence à y avoir pas mal de monde à la messe. Je pense toujours à la bière qui m'attend. La petite qui n'a pas arrêté de gueuler depuis mon arrivée tente toujours de casser quelque chose sur le char du chauffeur. Ce dernier discute avec le répartiteur sur la radio-taxi. Une police tourne le coin. Je suis trempé. Ça se tasse. Je me casse.

Reflets matinaux

Consultation à voie haute

Ça a fait plus d'une heure que les bars sont fermés et je suis venu me joindre aux dizaines d'autres taxis pour former le seul bouchon possible passé quatre heures du matin. Je suis sur Saint-Laurent entre Sherbrooke et des Pins, et je me demande quelle idée m'est passée par la tête de venir perdre mon temps ici. 90 % des véhicules sont des taxis, 90 % ont leurs lanternons allumés. Les probabilités que j'embarque quelqu'un ici sont de...

— Vous êtes libre ? me surprend la voix d'une belle grande blonde surgie de nulle part.

— Absolument !

— J'vas à ville d'Anjou.

— Ça ne devrait pas être un problème. À la quantité de taxis qu'il y a ici, c'est comme si je venais de gagner à la loterie !

Ça l'a fait rire. Cette blonde est spectaculairement belle. Elle a un sourire à faire fondre ce qui reste d'Antarctique. Pas de doute dans mon esprit qu'elle a dû passer la soirée à se faire draguer. Pourtant, c'est moi le chanceux qui la raccompagne chez elle.

— La soirée a été bonne ? Il n'y a pas une nuit que je n'utilise pas cette phrase passe-partout. Si le client a le goût de jaser, je suis vite fixé.

— Bof, je suis tombée sur mon ex. Dans mon rétroviseur, la belle a un regard perdu quelque part entre les vitrines de la « Main » et de vieux souvenirs.

Ah ! Les ex...

— Il m'a dit que j'étais la femme de sa vie!

— Hum! pas facile de ménager les susceptibilités dans ce temps-là.

J'ai eu droit au fin fond de l'histoire en disant des « ahan, umhum, oui, c'est sûr, pas de doute, c'est clair» de temps en temps, question d'entretenir le flot. C'est fou comme les gens aiment se confier. Surtout à propos des choses qu'on ne peut dire à des proches. Moi, j'étais content de profiter de la conversation. Ça me permettait de contempler cette superbe créature sans être trop indiscret.

Elle m'a raconté comment le gars n'avait pas su entretenir la flamme, comment elle l'avait plaqué, comment elle avait rencontré son nouvel amoureux. C'est rendu sur le métropolitain qu'elle m'a avoué qu'elle aurait aimé se taper son ex ce soir.

— Personne l'aurait su! me dit-elle.

— Sauf toi.

Silence.

— C'est une sacrée belle preuve d'amour que tu viens d'offrir à ton nouveau chum.

— Oui, mais il ne le saura pas.

— Toi, tu le sauras.

La fille s'est avancée sur la banquette et m'a embrassé sur la joue. Essayez de rester concentré sur la voie élevée dans ce temps-là! C'était dur!

À destination, je me suis tourné vers elle et lui en ai sorti une de mon répertoire:

— Ça fait 25 $ pour la course et 15 $ pour la consultation.

Elle a encore ri. J'étais sous le charme. Si, à cet instant, elle m'avait dit: «Je n'ai pas d'argent pour te payer», je pense que je l'aurais quand même remerciée. Mais elle a sorti deux billets de 20 $ de son sac, et c'est elle qui l'a fait.

— Tu fais une bonne job, tu peux garder le change.

Les doigts qui se touchent, le regard, le sourire. Il y a des histoires d'amour plus éphémères que d'autres.

Je suis resté devant sa porte jusqu'à ce qu'elle rentre, en me disant que son ex ne savait pas ce qu'il avait raté et que son nouveau était quelqu'un de vraiment chanceux.

Et je me suis demandé de laquelle des deux jobs elle voulait parler.

Jérémiades

C'est bien connu, les chauffeurs de taxis aiment chialer contre tout et contre rien, et vice versa. Et pas nécessairement dans cet ordre-là!

Faique, par quoi je commence? Les nids-de-poule? Mes amortisseurs finis? Les touristes en char qui se promènent et qui t'empêchent de passer rapidement au client suivant? Mon mal de dos? Les chauffeurs rapaces qui te volent tes appels? Le beau temps? Le prix du gaz? Les clients «cheap»? Les nids-de-poule? Le trafic? Les flics zélés? Les travaux? Mon manque de sommeil? Les politiciens? Ma transmission qui cogne? Les enragés du volant? Les Hummer? Le petit maudit sapin qui pue de mon chauffeur de jour? Les deux gars qui ont laissé leurs croûtes de pizza sur la banquette? Les nids-de-poule? Les camions de vidanges ou de recyclage qui bloquent les rues? Ceux qui flashent d'un bord pis qui tournent de l'autre? Les clients méprisants? Les cols bleus? Les piétons qui prennent leur temps quand ma lumière est verte? Les «squeegees» qui beurrent mes vitres? Mon café frette? Les clients qui me demandent de mettre Mix 96? Les nids-de-poule? Le réchauffement climatique? Les «450» qui mettent cinq minutes à faire un stationnement parallèle? Les clients qui te payent avec une poignée de change poisseux? Le tunnel Ville-Marie encore barré? Les cyclistes qui prennent deux voies? L'interdiction de tourner à droite en ville? Les clients qui te font attendre dix minutes après que t'eus sonné? Les impôts? Les autres taxis? Les nids-de-poule?

(…)

Il y en aurait beaucoup à dire! Par quoi je commencerais bien? Sur quoi verserais-je bien mon fiel? Trop de sujets sur lesquels s'épancher, mais pour l'instant j'aime mieux aller me coucher et dormir là-dessus. Mais ne soyez pas inquiets, vous ne perdez rien pour attendre! Je vous ai parlé des nids-de-poule?

C'est en revenant d'Ripaud

Les dimanches, je prends toujours ça assez relax. C'est le soir où je fais mon épicerie, où je passe à la SAQ m'acheter une ou deux bonnes bouteilles et, si la semaine a été bonne, je vais faire un tour à L'Échange sur Mont-Royal m'acheter quelques livres usagés. Habituellement, passé minuit, ça tombe mort dans les rues de la ville. Je retourne alors le taxi au garage et reviens chez moi par le dernier métro. Mais, comme la semaine dernière n'a pas été du tout comme sur des roulettes (ou des pneus d'hiver assez usés pour être de saison, c'est selon), j'avais décidé ce dimanche de me taper la nuit au grand complet. Pas de vin, pas d'bouquin.

Après cinq heures de route à attendre les appels et à tourner en rond en rageant contre les chauffeurs du dimanche, je n'ai toujours pas réussi à payer la location du taxi et je commence à m'énerver sérieusement. Donc tant qu'à perdre les pédales, je décide d'en finir et d'arrêter les frais. À la radio il y a même Languirand qui n'y va pas par quatre chemins pour m'encourager à éteindre mon moteur. OK, message reçu ! Je retraverse donc la ville. Tant pis, la semaine prochaine sera peut-être meilleure. Va falloir couper sur le rouge, mais bon, ma semaine est quand même finie. Deux jours sans maux d'artères. Mon état d'esprit s'allège et il n'en faut pas plus pour qu'au tournant le vent vire de bord.

Sur Guy, devant l'hôtel Maritime où doivent passer facilement plusieurs centaines de taxis à l'heure, un groupe de quatre personnes m'attend. Je me dis qu'ils doivent se chercher un bon petit resto pas trop loin, pas trop cher, mais je me trompe. Ils veulent aller à Rigaud ! No problemo !

Si vous voulez savoir qui a les moyens de se payer un voyage de plus de 100 $ en taxi, je vais vous le dire : le ministère du Revenu fédéral.

À Rigaud se trouve un centre de formation pour les fonctionnaires du pays, from coast to coast. Mes passagers sont de St. John's, Terre-Neuve, et sont là pour apprendre comment passer à travers vos rapports d'impôt.

La course s'est bien passée. J'ai évité les mauvaises farces sur les fonctionnaires et les Newfies et j'ai fait mes frais en un seul voyage. Pourtant, c'est en revenant de Rigaud que ce voyage m'a enrichi.

C'est étonnant le chemin que la vie nous fait prendre parfois. Ce voyage à Rigaud a fait remonter à ma mémoire des souvenirs d'enfance bien spéciaux. Quand j'étais petit gars, on partait souvent en famille le dimanche pour aller au sanctuaire, là-bas, où on célèbre la messe en plein air.

Papa, natif de cette région, nous emmenait ensuite chez «pépère», où se réunissait toute la grande famille pour un grand barbecue dominical. Treize frères et sœurs ! Ça en faisait des cousins et cousines pour jouer autour de la grande maison ancestrale. Me reviennent en tête plein d'odeurs et d'images de ces journées-là. Je ne peux oublier non plus quand papa voulait nous faire rire et nous chantait *En revenant de Rigaud* avec toutes les simagrées qui allaient avec. Il aimait ça qu'on lui torde le bras pour qu'il nous pousse sa ritournelle. J'ai juste à me fermer les yeux pour l'entendre et le voir.

L'été dernier, une bonne partie de la famille s'est réunie au sanctuaire Notre-Dame-de-Lourdes pour une messe hommage à mon père décédé. Je n'ai pas trop entendu ce que le curé avait à dire, les souvenirs prenant toute la place. Je me suis mis à regarder les enfants courir partout entre les rangées de bancs et les arbres. J'ai souri en regardant leurs pères et mères essayer tant bien que mal de les garder tranquilles. Pas toujours évident d'être parent. Des fois, ça prend toute une vie pour apprendre à ses petits ce qu'elle est. Des fois, ça va même au-delà.

L'effet tunnel est fait

L'agent ne fait pas le bonheur

On sait que c'est vraiment le printemps quand les policiers sont de corvée de tickets. Avant qu'il ne se décide à sortir de sa van, j'ai eu le temps de prendre les papiers d'assurances et les enregistrements dans le coffre à gants, mon permis dans mon portefeuille et ma convention de garde dans le sac que je traîne toujours et qui contient, entre autres, mon livre des rues, des reçus d'extra et des petits sacs « au-cas-où ». Quand il arrive à côté de moi, mes documents sont prêts. Ça sauve du temps. Quand tu te fais coller à ce temps-ci de l'année, ça vaut pas trop la peine d'argumenter. Dans le fond, il fait sa job.

— C'mon, Monsieur l'agent, c'était jaune !

— C'était rouge. Je vais vous demander votre permis de conduire, vos enreg...

— Tiens.

— Votre adresse, c'est...

— Toujours la même.

Avec le temps, on s'y fait. C'est sûr que ça fait chier de pogner un ticket, mais bon, ça fait partie des risques du métier. J'admets qu'on nous donne un peu plus de « lousse », surtout sur la vitesse, mais, quand tu es toujours sur la route, les probabilités te rattrapent. Un stop ici, une lumière là, parfois ce sont aussi des contraventions reliées aux règlements du taxi. Comme faire monter un client trop près d'un poste d'attente, attendre ailleurs que sur un poste. Par exemple, selon le règlement, je n'ai pas le droit d'attendre devant un bar ! C'est à mes risques. On tombe aussi sur des maudits zélés. J'ai déjà eu un ticket pour voiture sale, alors que les rues étaient encore pleines de « slush ». Faut dire qu'il ne m'arrêtait pas pour ça, *a priori* et qu'*a fortiori* je l'avais traité de « crisse de chien ». Pas la meilleure idée. Avec le temps, j'ai changé ma technique. Je reste poli et je prépare mes papiers. Ça me revient moins cher et, parfois, je m'en sauve. Pas ce soir, par contre. 151 $ et trois points de démérite. Une autre nuit de travail chez le diable. À ce prix-là, j'ose espérer qu'on va réussir à boucher une couple de nids-de-poule !

Douze heures en taxi

16 h 45 Je vérifie l'auto, regarde si le gars de jour l'a bien remplie, m'assure que le dôme fonctionne bien, et commence ma nuit. Je traverse rapidement la ville et me dirige vers le sud-ouest, mon territoire de prédilection.

17 h 05 Premier appel: de la rue Richardson jusqu'à l'aéroport PET. Beaucoup de trafic, mais moins qu'à Bombay où s'en va mon client.

18 h De la Petite-Bourgogne jusqu'à la rue Duluth, quatre filles BCBG mi-vingtaine. Souper de fête, conversations sur le linge et «bitchage» sur celles qu'elles vont rejoindre.

18 h 49 De la cité du multimédia jusqu'à Montréal-Nord, une jeune femme haïtienne, le nez dans ses papiers. Jazz à la radio. Beaucoup de trafic sur Pie-IX.

18 h 20 Jean-Talon près de Saint-Michel, jusqu'au métro Crémazie: une esthéticienne qui vient d'avoir une journée record d'épilation de jambes. Le ménage du printemps bat son plein.

20 h De retour à Saint-Henri, sur le stand Atwater et Notre-Dame. Petite jase avec Normand. Pick-up jusque dans l'est, près d'Honoré-Beaugrand. Un vieux gai sans conversation. Je subodore l'hétérophobie!

20 h 45 Du poste 64, au coin de la Montagne et Notre-Dame jusqu'en haut de la côte sur Sainte-Catherine. Un groupe d'Indiens. Pas ceux de Bombay, les autres, les amers.

21 h Ma sœur Chantal m'appelle, elle est dans le Vieux-Montréal et sort d'une bouffe avec des chumettes. Je vais la chercher et la ramène chez elle à Verdun. D'en bas, je fais des tatas aux petits qui sont à la fenêtre.

21 h 30 Du poste 74. Un black qui deale sur son cell. Fast trip à NDG. En sortant, il cherche son téléphone partout dans le taxi. Je lui demande son numéro pour le faire sonner. J'éclate de rire quand il se rend compte qu'il l'a dans sa main.

22 h Pause bouffe - Arrêt à l'appart - Grosse salade César préfab et une boîte de thon et café(s).

23 h Après une demi-heure sur le 74, une punkette direction le Roy Bar. Je vais prendre la 20 par la rue Green, mais la voirie vient de fermer le tunnel. Détour dans le centre-ville. Trop de trafic ce soir. La fille parle de linge avec une copine au téléphone. Il commence à mouiller. À la radio il y a *American Woman* à CHOM. La fille aime bien, je monte le son. Elle sort finalement coin Saint-Urbain et des Pins. Elle me donne un gros tip. L'horloge indique 11:11.

23 h 30 Je suis sur Saint-Paul. En avant des Deux Pierrots il y a une méchante file. Je m'arrête près de l'entrée, le gars qui s'occupe de la porte me regarde. Je lui dis qu'il a une belle queue ce soir. Des filles qui attendent dans la file rient de bon cœur. Le «doorman», lui, ne rit pas. Je fais un clin d'œil aux filles et repars.

23 h 45 Trop de café. J'arrête au Petro-Can au coin de Guy et Notre-Dame pour tirer une pisse et m'acheter un autre café.

00 h 01 Je suis sur le poste de la rue Doré et attends comme un vrai crapet dans mon aquarium. La pluie fait monter des odeurs de marée basse et un requin me vole un client. J'ai des rapports de thon et je niaise sur ce poste, c'est une vraie joke. Le mois vient de changer et monte à mon bord un client muet comme une carpe. Il s'en va dans une poissonnerie de Côte-des-Neiges. Poisson d'avril!

00 h 40 Du 74, un appel sur Saint-Antoine. Quatre jolies Noires direction Saint-Laurent. Elles parlent un argot jamaï-cain, je ne comprends rien.

00 h 58 Rue Milton vers place d'Armes, une fille et trois mecs. Le rythme s'accélère. Une courte course, pas autant que la jupe de la fille.

1 h 05 Encore devant les Deux Pierrots, le « doorman » n'est plus là et sa queue n'est plus ce qu'elle était. Deux hommes me demandent de les amener au Quality Inn de la rue Grissom. La rue Grissom ? C'est-tu à Montréal ça ? Heureusement, l'un d'eux a une carte. Ah ! rue Crescent ! Ils viennent du Témiscamingue (je n'avais pas reconnu l'accent) et sont là pour la partie contre les Bruins. Go Habs Go !

1 h 25 De l'auberge Saint-Gabriel jusqu'à Greenfield Park. Des jeunes qui sortent de leur bal de finissants ! Déjà ? Hé ben. De retour sur le pont Champlain, j'écoute sur CIBL les deux colons (en quête d'irrigation) du Laboratoire du docteur Dan. Pissant.

2 h 15 Du poste 59 (Saint-Laurent et Notre-Dame), deux belles grosses filles éméchées et pas reposantes, direction Verdun. Chimique Donald. Obligé de me taper la file du comptoir à l'auto pour rassasier mes deux obèses qui n'ont vraiment pas besoin de ça ! Ouache !

2 h 30 Sherbrooke et Bishop, jusqu'à Vincent-d'Indy et Édouard-Montpetit. Un étudiant à lunettes. Il n'a rien vu.

2 h 50 Fly sur Bernard à L'Assommoir. Un confrère me vole mon client. Je le rapporte au superviseur mais embarque quand même un client qui s'en va sur Delorimier. Le gars chiale qu'il y a trop d'Arabes qui font du taxi. Je lui réponds qu'il y en a là-dedans qui aimeraient mieux travailler dans le domaine dans lequel ils sont diplômés et qualifiés, mais qu'on ne leur accorde pas d'équivalence ici au Québec. Il y a des ingénieurs là-dedans, vous savez ? Il me dit que lui-même est ingénieur et me file 10 $ sur une course de 9,85 $. Bref.

3 h 10 Du Plateau jusqu'à Rosemont, une baba altermondialiste « piercée » me parle du trou dans la couche d'ozone.

3 h 20 Re-Plateau, des extasiés jusqu'au Stéréo. Ils parlent tous en même temps. Quadriphonique.

3 h 35 Quatre jeunes folles, du Sky Pub jusqu'à Saint-Laurent et Duluth. Ça déconne d'aplomb. Ça roule sur du techno et ça speede. Le mec assis à côté de moi met sa main sur ma cuisse ! Je lui dit qu'il n'est pas mon genre. « Ah non ? C'est quoi ton genre ? Euh… Féminin ! »

3 h 46 Saint-Laurent et Rachel, deux Latinos direction NDG. Les deux sont bourrés et je les sens agressifs, voire douteux. Une solution : être aussi dangereux qu'eux. Course débile, zigzags et vitesse sur fond hip-hop à CKUT. À la fin, ils n'en reviennent pas et me donnent un gros pourboire.

4 h 05 De retour dans le Vieux pour voir ce qui reste. J'embarque le DJ de la Queue Leu Leu pour le Plateau. Au coin de Rivard et Mont-Royal, un cycliste s'est fait happer. Dehors les oiseaux commencent à chanter.

4 h 20 Vais au garage payer l'auto. Je garde le taxi « single » en fin de semaine.

4 h 38 Passe devant la Banquise sur Rachel. Un confrère me coupe, je lui rends la pareille. On course dangereusement le long du parc La Fontaine. Il abandonne et tourne sur Cherrier. Rush d'adrénaline inutile et puéril. Je fais un dernier tour de ville. Ne restent que des taxis aux dômes allumés. J'ai ma dose.

4 h 55 47 $ d'essence.

5 h 10 Je parque le taxi à ma porte. Le ciel commence à s'éclaircir. La nuit a été bien remplie. Une autre m'attend demain.

Carrés blancs sur fond noir

Course pissante

Je ne sais pas à quelle heure de quel jour il avait commencé son week-end de la Saint-Patrick mais, à l'haleine, je dirais l'année passée. J'ignore aussi pourquoi j'ai arrêté mon taxi à côté du poteau auquel il se tenait. J'imagine que quand les trois quarts de ta clientèle pète la balloune, un de plus, un de moins… Mais lui, c'était plus le genre à te péter une montgolfière. J'ai cru comprendre à travers les miasmes émanant de sa gueule qu'il s'en allait à Pointe-Saint-Charles. Ouf! Pas trop loin.

C'est toujours délicat, ce genre de course. Tu veux faire le plus vite possible, mais en même temps faut éviter que ça brasse, question de ne pas envoyer un faux message à un estomac abusé. J'imagine que j'y suis allé un peu trop délicatement parce que le mec s'est mis à m'engueuler.

J'ai bien décodé qu'il voulait que j'aille plus vite, mais il aurait parlé serbo-croate que je n'aurais pas plus compris sur quelle maudite rue il voulait aller.

Rendu à la Pointe, je ne sais toujours pas où il veut aller exactement. Je lui demande si c'est la rue Centre? Charlevoix? Wellington? Le gars est dans un autre monde où le ciel doit être certainement vert bouteille. J'ai beau être le plus diplomate possible, je me rends compte que je suis parti pour perdre pas mal de temps avec ce joyeux lutin. C'est alors qu'il me demande d'arrêter l'auto. Enfin! Je me range et arrête le compteur. Mais le mec, lui, est déjà sorti du taxi, la fly baissée en train de tirer une pisse au coin de Ropery et Centre. Le gars se retourne et lève un doigt en l'air comme pour me dire: «Une minute je reviens!» Mais il est tellement soûl qu'en se retournant il perd l'équilibre, manque de piquer en pleine face, et ce, tout en continuant de pisser! Le pauvre gars s'en met partout et il n'est pas au bout de sa peine, car je suis parti avant qu'il ait le temps de se la secouer. Dans mon rétroviseur, j'ai vu le gars s'agripper à un autre poteau, attendant probablement son prochain taxi.

Parlons de température

Pendant ma semaine, je dois me taper des heures de conversation sur la température. C'est drôle, car, lorsqu'on en parle à la radio, on dirait que ça me rentre par une oreille et que ça me sort par l'autre. Je ne dois pas avoir le gène du bulletin météo. Par contre, si un client me dit qu'on annonce de la neige pour la semaine prochaine, c'est suffisant pour que je passe l'information au reste de ma clientèle de la veillée.

Parler du temps qui fait est avant tout une civilité polie, une entrée en matière pour parler du temps qui passe, un échange de bons procédés. Pourtant, les conversations sur le climat prennent de plus en plus un ton inquiétant. On vient d'avoir l'hiver le plus chaud depuis qu'on enregistre des données. Les dérèglements causés par le réchauffement global se font sentir de plus en plus. C'est facile de blâmer nos voisins du Sud et leur gouvernement qui refuse de signer les accords de Kyoto, de blâmer les grands pollueurs ou encore de regarder de travers le mec au volant de son Hummer. Mais quoi qu'on en pense ou qu'on en dise, que ce soit dans nos habitudes de consommer ou dans les placements et déplacements que nous faisons, on est tous coupables à divers degrés de cet état de fait.

Je ne viens pas ici vous faire la morale, mais je vous convie à aller faire un tour sur le site d'Équiterre. On y trouve des informations pertinentes sur quelques petits gestes à poser pour faire notre part. Comme par exemple, prendre un taxi pour se déplacer en ville. Et parler de température avec le chauffeur.

À mon réveil, j'ai appris que Bernard Geoffrion venait de rendre l'âme. Le jour même du retrait de son «sweater», comme il disait. On en aurait écrit le scénario, qu'on n'y aurait pas cru! Quelle histoire incroyable. J'ai donc laissé le taxi parqué un peu plus tard pour regarder la cérémonie qui s'est ni plus ni moins transformée en funérailles. Difficile de ne pas avoir le «motton» devant l'hommage rendu au «Boomer». Je n'avais pas un an quand il a pris sa retraite d'avec les Canadiens, mais c'était un des joueurs préférés de mon père. Je l'entends encore me parler de son fameux lancer frappé. Je suis sûr que l'un et l'autre auraient aimé voir le numéro 5 monter au plafond du centre Bell. Un hommage très émouvant.

Pendant la soirée, j'ai embarqué deux clientes qui étaient au match. L'une d'elles avait entre les mains la brochure sur Boum-Boum qu'on offrait aux spectateurs. À destination, je lui ai demandé si je pouvais y jeter un petit coup d'œil. Eh bien, elle m'a dit que je pouvais la garder! Super content, je lui ai dit alors que sa course était gratuite. Elle a accepté, à condition que je garde aussi la petite réplique de la bannière! Ça a fait ma soirée. Un vrai petit gars! J'ai continué ma nuit en jasant de Boum-Boum avec mes clients, puis, pour boucler la boucle, j'ai été prendre ce cliché près du vieux Forum, là où se tiennent encore quelques vieux fantômes.

Hier mon taxi n'avait point de suspension.
J'ai fini ma nuit avec trois petits points dans le dos.

Le chant de la sirène

Ça se passe dans une autre vie. Je sors des Foufounes électriques où je me suis encore salement soûlé la gueule. Je bois trop à cause d'une fille que j'aime mais qui ne m'aime pas, probablement parce que je bois trop. À côté de mes pompes, je titube jusqu'au premier taxi que je vois, parqué en double. Je m'écroule sur la banquette avant et me rends compte que c'est une femme qui tient le volant. Elle me demande où je veux aller et je lui réponds que j'en ai plus rien à foutre. Je lui donne mon dernier 20 $ et lui demande simplement de rouler. Je ne veux pas rentrer chez moi, je ne veux pas être seul. Mon amertume est aussi palpable que mon ébriété. Elle roule et écoute ma haine ivrogne se déverser, immonde. De ma bouche ne sort que fétidité. C'est d'une tristesse…

Je suis à mi-parcours. La fatigue m'envahit. Je suis las de tout, surtout de moi. Je finis par fermer ma gueule de bois en devenir et, sentant la nausée m'envahir, je ferme aussi les yeux. C'est alors que ma chauffeuse s'est doucement mise à chanter. Malgré l'ivresse et les années, je me souviens encore de sa voix délicate et des airs qu'elle m'a offerts. Elle avait compris mon désarroi et ma peine. Avec son chant, elle mettait du baume sur mon âme en perdition. Elle a chanté et roulé jusqu'à la fin de mon 20 $. En sortant de son taxi, j'ai pris sa main et l'ai embrassée.

Aussi loin de chez moi qu'au début de la course, j'ai retraversé la ville dans l'aube naissante, suant l'alcool, encore soûl du chant de ma sirène.

J'ai longtemps et longuement repensé à cette nuit-là et, aujourd'hui, je sais que ma vocation de taximan est née de la chaleur de cette chauffeuse. Parfois, je me dis que son chant m'a sorti de l'abîme dans lequel je m'enfonçais inexorablement. En tout cas, j'aime bien y croire. Je la vois de temps à autre dans les rues de Montréal, chantant à ses passagers. Une de ces nuits, si vous montez à bord de son taxi, pouvez-vous de ma part lui dire merci?

Chaque chauffeur a son territoire de prédilection. Moi, j'aime bien aller m'installer au coin d'Atwater et de Notre-Dame, dans le sud-ouest de la ville. De là, je couvre Saint-Henri, la Petite-Bourgogne, Pointe-Saint-Charles, Verdun, Ville-Émard, Côte-Saint-Paul et même LaSalle en clenchant un peu. À force de revenir régulièrement sur le même poste, on y retrouve les habitués. Sur ce stand, on retrouve presque toujours Normand.

Normand, c'est un vieux de la vieille qui doit faire du taxi depuis une bonne quarantaine d'années. Sur son visage, on peut voir le kilométrage. Il a un regard un peu triste, mais ses yeux sont toujours pétillants quand il nous parle de la dernière cliente qui l'a invité à « prendre un café ». À l'entendre, il perd toujours une couple d'heures par semaine à prendre soin de ces dames. C'est évident qu'il en ajoute un peu pas mal beaucoup, mais c'est avec tellement de bon cœur qu'il nous raconte ses prétendues aventures qu'on serait fous de s'en priver. Normand a dû me raconter sa fameuse course jusqu'à Sept-Îles une bonne quinzaine de fois, et jamais de la même façon, la longueur de nos discussions dépendant toujours de la vitesse à laquelle les taxis avancent sur le poste. On a plus de détails un petit mercredi tranquille que pendant un vendredi glacial.

Normand ne s'emmêle pas dans les mots. Les minorités visibles, il les appelle par leurs petits noms. Mais c'est toujours avec le sourire qu'il les accueille dans son taxi. Quand c'est long longtemps les soirs d'été, on se dit : « Ouain j'prendrais ben un p'tit Québec ! » On se parle de nos bonnes courses, des accidents qu'on a évités, des clientes à qui on ferait pas mal, de la petite bière qui sera bonne à la fin du « shift ».

Avec les années, j'ai développé une belle amitié avec cet homme. Un vrai bon gars avec un vrai bon cœur. Mais, l'an dernier, Normand a eu des problèmes avec son grand cœur. Un infarctus l'a obligé à réduire de beaucoup ses heures sur la route et il travaille le jour maintenant. En fin de semaine, j'ai été agréablement surpris de le revoir au poste dans le milieu de la soirée. Son chauffeur de nuit s'est fait casser la gueule dans un voyage qui a mal tourné et il garde l'auto à temps plein le temps que l'autre revienne. Ça faisait un bail que je ne lui avais pas piqué une bonne jase. On a parlé de sa santé, du temps qui passe, de nos clientes à qui on ferait pas mal, pis de la job. Normand a du kilométrage dans le corps et sur le visage, mais vous devriez voir les yeux de cet homme briller quand il parle de son métier. Il a le taxi dans la peau. Assez pour y laisser la sienne. Prends ton temps Normand, raconte-moi encore ta course jusqu'à Sept-Îles.

Delirium Tremens

Je tourne sur Crescent et je vois un homme entre deux voitures, avec sa main dans les airs. Je m'arrête à sa hauteur et il me fait signe du doigt d'attendre une minute. Je le vois aller vers l'entrée du bar et revenir accompagné d'un autre type. Ils tiennent par les bras une femme, qui ne semble plus en état de marcher. Aujourd'hui, j'aurais pris la fuite vite fait, mais à l'époque je n'avais pas encore ces réflexes. Tout se passe rapidement, la portière se referme sur la femme qui s'effondre. L'homme me file un 20 $ et me donne une adresse.

Dans le rétro, je regarde la femme qui semble être dans un état d'intoxication assez avancé. Pourtant elle est loin d'avoir le profil de la toxicomane qui fait le coin des rues. Elle porte des vêtements plutôt chic et, bien qu'elle exhale le fond de tonne, je peux sentir les effluves d'un parfum subtil. Pendant que je roule vers l'adresse qu'on m'a donnée, j'essaie de lui parler, de lui faire répéter son adresse, mais elle se dandine sur la banquette et marmonne des trucs incompréhensibles. On ne semble pas du tout faire partie du même voyage. Je pense déjà à la partie de plaisir à laquelle je vais devoir faire face parvenu à destination.

C'est quand je tourne sur la rue que l'homme m'a donnée que je me rends compte que l'adresse n'est pas bonne. Ça correspond à un terrain vague. Je réalise alors que cette femme, ils s'en sont tout simplement débarrassés. Je range le taxi sur le côté et me tourne vers elle avec peu d'espoir qu'elle m'aide à retrouver sa route. Comme de fait, elle a complètement perdu la carte.

Affalée sur la banquette, la femme a déboutonné son pantalon et, sans retenue, elle se caresse furieusement l'entrejambe. De l'autre main, elle tente difficilement d'ouvrir son chemisier. La vue est plutôt agréable, mais la situation est loin de l'être. La pauvre ne se rend carrément plus compte des ses actes.

Je tente en vain de la raisonner. C'est hors de question que je me laisse séduire par cette femme en plein délire. Si je veux continuer à travailler, je ne vois tout simplement pas d'autres options que d'aller vers le poste de police le plus près.

Je redémarre alors le taxi et explique le plus calmement possible la situation à la femme. Mes paroles doivent faire leur chemin à travers les brumes confuses de son cerveau car, profitant d'un feu rouge, la femme sort en trombe du véhicule. Tenant d'une main son pantalon encore ouvert, elle marche périlleusement vers le taxi d'un confrère stoppé dans le sens inverse. Je m'assure que la femme est bien assise dans le taxi de l'autre avant de prendre la poudre d'escampette. À mi-chemin entre le fantasme et le cauchemar, il n'y a pas de morale à cette histoire.

Mauvaises conditions atmosphériques

En début de soirée, j'ai eu droit à un cas lourd. Je suis au coin de Saint-Laurent et de Laurier, attendant que la lumière change au vert, quand s'approche de l'intersection un homme énorme. C'est à peine s'il lève le bras, mais, de la façon dont il me regarde, ça fait pas de doute qu'il veut que je m'arrête. La première chose qui me vient en tête, c'est: «Comment il va entrer dans mon taxi, celui-là?»

L'homme n'est pas seulement d'une grosseur épouvantable, il est aussi très grand et, quand il ouvre la portière, je m'empresse d'avancer le siège avant au maximum pour qu'il ait un peu plus d'espace. Il arrive difficilement à se hisser à bord et je sens la voiture pencher de son bord. J'espère que la suspension de ma petite Malibu va tenir le coup. Alors que je me tourne pour le saluer et lui demander où il va, je suis assailli par une odeur épouvantable. «Holy fucking shit!» Je me retourne aussitôt avec une forte envie de vomir. Juste d'y repenser, ça me dégoûte. L'homme a du mal à respirer, il est en sueur, et c'est en haletant qu'il me dit où il veut aller. Je remercie Dieu que ce ne soit pas trop loin. Toute la voiture se remplit d'une puanteur hallucinante. D'une âcreté à faire fondre les poils de narine. D'ailleurs, je respire par la bouche tout le long de la course. Je dois faire attention, de plus, pour ne pas frapper de nids-de-poule de son côté, car je briserais assurément un amortisseur. Quand je suis aux feux de circulation, j'ouvre ma vitre pour respirer un peu d'air frais. Je ne dis rien et essaye de ne pas trop montrer à l'homme que je suis sur le point d'être malade tellement il pue. Mais je cache mauditement mal mon jeu. Il doit bien savoir qu'il empeste, cet ogre ! Je comprends bien que cet homme souffre de sa condition, mais ciboire !, c'est pas une raison pour faire souffrir les autres !

Après qu'il m'eut payé sa course et se soit extirpé tant bien que mal du véhicule, j'ai ouvert toutes grandes les quatre vitres du taxi pour effacer les remugles que l'homme a laissés derrière lui.

C'était peut-être mes muqueuses, mais tout le reste de la nuit j'ai eu l'impression que ça sentait encore. Pour m'en convaincre, j'ai raconté ma mésaventure à quelques clients pour qu'ils me rassurent à propos des « conditions atmosphériques » à l'intérieur de l'auto. Et vous ? Trouvez-vous que ça sent encore bizarre ?

Apocalypse et pneus d'hiver

Merde! Moi qui pensais que les universitaires faisaient relâche cette semaine. Je m'attendais à avoir une grosse nuit, mais la seule chose qui a fait relâche ce soir, c'est la clientèle. Bah! Pas trop grave. J'en ai profité pour lire et écrire en attendant les appels. J'ai pris quelques photos, dont plusieurs au coin de Peel et Saint-Jacques où l'on démolit le vieux dépôt de la CP pour faire place à de nouveaux condos. Maudit que j'aurais préféré qu'on y construise ce fameux stade de baseball. Je m'imaginais déjà, l'été, avec une couple de petites broues, assis dans les «bleachers» à regarder nos z'amours avec le centre-ville en background. Tant pis. Là, ce seront quelques fortunés qui profiteront de la vue. Ça fera toujours quelques centaines de clients potentiels de plus dans mon secteur.

Nuit tranquille, donc. Même la fermeture des bars fut pathétique. Quand les trois quarts des autos qui roulent en ville à trois heures du mat' sont des taxis, faut pas s'attendre à des gros chars. J'ai quand même eu droit à un allumé de première en fin de nuit. Je l'ai embarqué au Club Sandwich, dans le Village. Il s'en allait à Notre-Dame-de-Grâce (communément appelé NDG ou, pour les intimes, No Damn Good), faique j'ai pris le tunnel Ville-Marie, pis ça a speedé. Mais pas autant que mon client. Le terme verbomoteur est même faible pour le qualifier. Je ne sais pas à quoi il carburait, mais ça avait l'air d'en être de la bonne. La conversation est passée de la température au réchauffement climatique, à l'apocalypse, aux révélations, à Jésus, aux pneus d'hiver (ça coïncidait avec ma sortie du tunnel), au prix du gaz, encore au réchauffement global, puis aux milieux humides, aux batraciens, encore à la fin du monde, puis au péché originel... Je peux dire que j'avais hâte d'arriver. Le gars avait le piton collé. Cibole man prends ton souffle, salive un peu, fume un pétard, fais de quoi! Tout ça parce que j'y ai demandé si sa soirée avait été bonne. Même à destination et après m'avoir payé, il me parlait encore. La guerre, Bush, encore l'apocalypse, Nostradamus...

— Excuse-moi, c'est intéressant, mais c'est parce qu'il faut que je ramène mon taxi au garage...

Il est sorti de l'auto mais a gardé la portière ouverte encore une bonne minute, me proposant les titres de livres qui changeraient ma vie, et patati et patata. Il a fallu que j'embraye et commence à avancer pour qu'il se décide enfin à la fermer. La porte. Lui je suis sûr qu'il jase encore. L'apocalypse, Adam et Ève, les grenouilles, les pneus d'hiver...

Un Prince-Arthur sur glace!

Boss de bécosse

Vous devez vous douter qu'avec le froid qu'il fait vous avez affaire à un chauffeur de taxi heureux et fatigué ce matin. Mais, comme vous êtes trop gentils, je vous en pousse une brève avant d'aller me coucher. Après la fermeture du métro, et avant le rush des bars, il y a toujours un petit creux où j'en profite pour aller casser la croûte et me faire un dernier café pour affronter le reste de la nuit. En sortant de chez moi, il y a un type qui attend près du taxi et me demande d'embarquer. C'est une espèce de vieux rockeur aux cheveux longs qui a juste un blouson de cuir. Il est gelé au carré. Il a les yeux presque aussi rouges que la face et je ne comprends pas toujours ce qu'il me dit quand il parle. Il fait son boss de bécosse en ne me disant pas où il veut aller mais plutôt des : « À gauche, à drette, de ton bord, la prochaine. » Je déteste ça, mais je laisse faire, d'autant plus que, de cette manière, ça allonge la course. Les seuls mots cohérents qu'il est capable d'aligner sont : « Christ qui sont longues les lumières icitte, tabarnaque ! » Il m'emmène devant un bar miteux de Saint-Henri et me demande de l'attendre. Ce que je fais pendant cinq-dix minutes. Quand il revient, il m'engueule parce que le compteur a continué de rouler. Je reste calme en lui montrant du doigt la liste des tarifs dans la vitre à côté de lui. Et j'ajoute que le numéro de téléphone pour les plaintes y est aussi indiqué. Une chance qu'on n'a plus trop long à faire ensemble parce que plus je restais calme, plus il s'énervait. Bref, quelques à gauche, à drette, côlisse de tabarnaque de lumières plus tard, il sort du taxi et vient près de ma portière pour me payer. Il reste à côté de moi jusqu'à ce que je lui rende son dernier cinq cennes et s'en va en me traitant de crosseur... «Bonne fin de nuit à toi aussi» que je réponds. En remontant ma vitre, j'ai presque le temps de l'entendre me répondre «Mange d'la ma...» Ça m'a mis de bonne humeur pour le reste de ma nuit.

Randonnée nocturne

J e «cruise» dans le Quartier latin en attendant le rush de la fermeture des clubs. Sur Saint-Denis, j'embarque un jeune qui semble avoir besoin de fausses cartes pour entrer dans les bars. Il me dit qu'il veut aller dans le nord de la ville, dans le bout du parc de l'île de la Visitation.

— Let's go! C'est parti!

Pendant le trajet, on jase de choses et d'autres. C'est relax. Il me parle de ses études, de sa job à temps partiel, etc. Un moment donné, il me demande d'arrêter à un guichet automatique.

— OK. Y'a une banque que tu veux plus qu'une autre?

Il hésite et me dit que finalement ses parents vont payer pour lui. Hum… Il y a de quoi de louche dans son ton. À force, on détecte le petit truc qui cloche. Ça sonne dans ma tête: «C'te p'tit crisse-là va se pousser.» Je continue quand même la course en souhaitant me tromper sur son compte, mais, juste avant d'arriver au pont de l'île en question, il me demande d'arrêter l'auto. J'ai pas le temps de me revirer que la porte est grande ouverte pis le kid vient de piquer un sprint à travers le parc. Je ne sais pas si je suis plus en tabarnaque parce que le jeune se pousse ou parce que je ne me suis pas fié à mon instinct, mais je décide de partir après. Je sais que ça va être une maudite perte de temps, que je devrais rembarquer dans mon cab pis retourner en ville, mais «phoque that!» Le petit côlisse m'a niaisé tout le long de la course en sachant ce qu'il ferait. Ça devait pas être la première fois qu'il faisait ça, sauf que là, il était tombé ni sur le bon gars ni sur le bon soir, car une fine neige tombait.

J'ai pris le temps de repartir le taximètre, de mettre ma tuque, mes gants, de barrer les portes du taxi. Je n'avais pas à courir, il me suffisait de suivre ses traces de pas jusque chez lui... Mais dans quelle maudite galère je m'embarquais ? Y'a épais de neige et ça n'avance pas aussi facilement que je l'eus cru. Un moment donné je suis dans le milieu du parc, j'ai de la neige dans les bottes, je suis calé jusqu'aux cuisses. J'ai de la misère à avancer pis à trouver mon souffle. Il y a vraiment de quoi chialer à sa mère. Pourtant, je ris de la situation. Jamais je n'aurais pensé jouer dans la neige de cette façon ce soir-là. «Mon petit maudit, mon petit maudit», tourne en boucle dans mon crâne. Je prends trois quatre bonnes respirations et repars, de plus en plus déterminé à aller jusqu'au bout. Ça me prend un bon 20 minutes pour traverser le parc. J'aboutis dans le cul-de-sac d'une avenue remplie de bungalows. Je suis chanceux que ce ne soit pas des blocs appartement. J'aurais été baisé deux fois plutôt qu'une. Sous la lumière des lampadaires, j'ai devant moi les traces de mon voleur qui me conduisent jusqu'à la maison familiale. Je ris dans ma barbe, prends mon temps, question de reprendre mon souffle. Je regarde la maison. Il n'y a pas une maudite lumière allumée, mais je sais que je suis à la bonne place. Je vois les traces de pattes d'un chien qui est sorti pendant que mon p'tit crisse entrait. Il va avoir une méchante surprise. DING! DONG!

Je sonne une deuxième fois. La nuit, on nous demande souvent de ne pas sonner quand on va chercher des clients pour ne pas réveiller personne. Ici, ils vont être servis. J'entends le cleb qui jappe de l'autre bord de la porte. Au son et aux traces que je vois sur le balcon, ça ne m'inquiète pas trop. J'entends maintenant quelqu'un qui s'amène. La lumière s'allume et une voix de femme derrière la porte demande de quoi il en retourne.

— Je suis chauffeur de taxi. Votre jeune vient de me voler, madame !

La porte s'ouvre, elle est en pyjama et elle n'a pas l'air trop de bonne humeur. Je me doute que ça doit réveiller raide un peu. Je suis encore essoufflé de ma randonnée dans le parc et je lui raconte un peu ce qui vient de se passer. Elle a l'air vachement sceptique et me demande si je suis sûr de ça ? D'après elle, son garçon est rentré depuis longtemps, puis…

— Écoutez, madame. Regardez, ses bottes sont juste ici et elles sont encore pleines de neige. Votre chien est même sorti sur la galerie, les traces sont encore fraîches !

Pendant ce temps, un monsieur qui doit être le père descend du deuxième et a l'air encore moins de bonne humeur que sa femme. Je lui fais un signe de tête et m'excuse de déranger, mais je répète que j'aimerais être payé pour ma course.

— On va tirer ça au clair. ALEX ! Descends icitte tout de suite !

Mon petit crisse se pointe en haut des marches. Je savoure le moment en me disant que je n'aimerais pas être dans ses culottes. Quoique les miennes qui sont trempées de bord en bord ne sont pas tellement mieux. Il se met à jouer au gars pas réveillé qui se demande ce qui se passe. Il nie en bloc : il m'a jamais vu de sa vie, il n'aurait jamais fait une chose pareille, etc. Faut dire qu'il est bon, le petit maudit. Tellement qu'il sème le doute dans l'esprit de ses parents qui, malgré les apparences, semblent vouloir pencher en sa faveur.

— Tu m'as jamais vu han? Comment ça se fait, dans ce cas-là, que je sais que t'étudies au cégep Ahuntsic en technique d'administration, pis que t'as une job à temps partiel dans un restaurant du Vieux Montréal?

Silence. Je vois la face du père qui change du tout au tout. Il serre les dents. Mon petit crisse est en état de décomposition accélérée. Je dis:

— Écoutez, réglez ça entre vous. Je retourne chercher mon taxi de l'autre côté du parc pis je veux être payé pour ma course.

Je sors de la maison en me disant que ça valait vraiment le dérangement. Je suis pas mal fier de mon coup. Je me rends compte alors que je ne sais pas trop où je suis. Et il est hors de question que je repasse par le parc! Je me mets donc à marcher vers le haut de l'avenue et arrive au boulevard Gouin. Ça me prend un autre 15 minutes pour retrouver mon cab. Amplement de temps pour laisser la petite famille laver son linge sale. Que je crois. De retour au bungalow, le père m'annonce tout de go que je me suis trompé d'adresse, que ce n'est pas son garçon qui a fait ce que j'ai dit et qu'ils n'ont aucun compte à me rendre! PARDON? Il me referme la porte au visage. Ciboire! C'est génétique, leur affaire? C'est à mon tour de serrer les dents. Je bouille. OK, d'abord. Tant qu'à perdre ma nuit, aussi bien la perdre à fond. J'appelle le 911 et retourne me réchauffer dans le taxi, car ça risque d'être long. Donc j'attends et rumine en me disant qu'une roche à travers la vitre du salon aurait pu faire l'affaire. Ou un cocktail Molotov? Plein d'images me viennent en tête. Mais je pense aux chiens. Celui qui se faisait aller la queue en me léchant la main dans le portique, pis les autres qui se font attendre. Les cinq cennes continuent de s'ajouter au compteur qui affiche plus de 50 $. De temps en temps, je vois les rideaux de la vitre que je veux péter s'ouvrir, et j'y vois des fois la mère, des fois le père. Ben oui, chus encore là, mes hosties! Il est quatre heures et demie quand la police arrive enfin. Je suis impressionné par leur diligence. Même pas une heure! Je leur raconte l'affaire. Et les amène à la bordure du parc pour leur montrer les traces qui restent, parce que les autres se sont recouvertes de neige. Là, j'aimerais donc pouvoir confronter encore ma petite famille, mais les agents me demandent d'attendre dans mon véhicule. Je ne sais pas ce qui se dit dans le bungalow, mais ça doit leur faire chier des briques. Dix minutes plus tard, la police sort de la maison.

Au moins, ça n'a pas été trop long. Je sors du taxi, content de pouvoir en finir et repartir chez moi manger et me reposer. Un des agents vient vers moi et me tend la main avec un 20 $!

— Vous me niaisez ou quoi? Mon meter est rendu à 65 piasses!

— C'est le prix du voyage entre le centre-ville pis icitte.

— Ouain, mais attends. Le kid se pousse sans payer, j'suis obligé de courir après. Pis le temps que je perds icitte? Je travaille pas moé pendant c'temps-là! As-tu pensé à ça?

Il ne me répond pas. Il regarde ailleurs. J'en reviens juste pas et j'aurais beau sauter une coche, ça m'a tout l'air que c'est ça qui est ça. Une des polices me dit que je pourrais toujours porter plainte, faire un rapport, etc. Mais j'ai mon hostie de dose de niaisage pour la nuit. J'ai frette, je suis fatigué, j'ai faim, je suis frustré, FUCK! Je resserre les dents, pogne le 20 $, pis je sacre mon camp. J'ai la haine pis j'essaye de respirer par le nez. Il n'y a pas de justice côlisse. Je suis sur Henri-Bourassa en direction ouest pis j'me dis que, si j'embarque un autre client avant la fin de la nuit, il risque de me trouver bête en crisse. C'est alors que le répartiteur annonce un code 13 sur Henri-Bourassa à une couple de kilomètres à l'est de ma position. Un code 13, c'est un chauffeur de taxi dans le trouble, sur le bord de se faire agresser. On ne demande pas un 13 pour du niaisage comme ce que je viens de subir. Faut se diriger le plus vite possible vers le chauffeur en danger. Ça adonne bien, chus pas loin et j'ai le goût de bûcher quelqu'un. Je fais un U-turn sur une rouge pis je clenche vers l'est en malade. Il est presque cinq heures du matin, faique y'a pas trop de véhicules sa route. Je tchèque pour voir si y'a pas d'autos qui arrivent aux intersections et je continue de foncer. Aucune lumière de verte. « Who cares ! » C'est limite, mon affaire. Avec la neige qui est tombée, le taxi est presque toujours sur le point de déraper. Je m'en fous, je me vois déjà rentrer dans le tas. C'est alors que je vois dans mon rétro des gyrophares de police. Je ralentis et leur voiture arrive à ma hauteur. Ce sont les deux policiers auxquels je viens d'avoir affaire ! Ils me regardent en se demandant si je suis pas viré fou. Ça fait quatre-cinq rouges en ligne que je grille. J'ouvre ma vitre en gueulant qu'il y a un « 13 » à quelques coins d'où on se trouve. On dirait qu'ils ont l'appel du central au même moment, car ils décollent sans me demander mon reste. Je continue quand même derrière eux pour savoir ce qui se passe avec le taximan en difficulté. C'est un chauffeur haïtien aux prises avec 4 jeunes Latinos. J'ai l'impression qu'il était temps qu'on arrive. Plus de peur que de mal. Ça aurait pu être pire. Bien pire… Ça remet pas mal en perspective mon petit malheur. J'appelle le répartiteur pour lui dire que la police est sur place et que le chauffeur est sain et sauf. Les opérations peuvent reprendre pis moi je peux retourner chez moi me coucher. Demain, une autre nuit m'attend.

Aujourd'hui, je rigole en pensant à cette nuit-là. Avec le recul, je me dis que le kid a quand même dû avoir sa leçon. Si ça se trouve, j'ai évité à d'autres chauffeurs de se faire avoir avec ce petit manège. Une sacrée dose d'expérience en tout cas. Pis une mautadine bonne anecdote à raconter à mes clients. Curieusement, alors que j'écris ces lignes, je me dis qu'une des polices aurait pu facilement mettre une partie de mon dû dans ses poches entre le bungalow pis mon cab. Mais là, ce serait douter de l'intégrité et de l'honnêteté de nos forces constabulaires. (...)

Le petit couple sort enfin du bar où j'attends depuis près de dix minutes. C'est vendredi. Il fait froid, la demande est forte et je suis à cran parce que je déteste attendre. Les deux sont au sommet de leur happy hour. Ils ont du fun et aimeraient probablement que je sois en « phase » avec eux. Le gars rigole, me pointe le feu rouge 200 mètres en avant du taxi et me dit :

— Amène-nous à la lumière là-bas, ça va être ben beau !

La fille pouffe de rire et manque de s'étouffer. Je la trouve pas pire, mais j'ai pas trop envie de rire. Je reste assez froid mais eux sont chauds, ça fait pas de doute. Le gars me dit enfin qu'ils veulent aller à Longueuil, faique je décolle dans un nuage de sel. J'ai pas le goût de m'éterniser, d'autant plus que je vais devoir revenir à lège vu que je ne peux pas embarquer sur la rive sud. Je lève le volume de la radio (genre parlez-moé pas) pis je clenche autant que je peux dans le trafic du vendredi. Je regarde de temps en temps dans le rétroviseur pour voir si la fille ne change pas de couleur. À son regard, je devine qu'elle a de la misère à faire le focus. Vous voyez ? Lui a l'air moins pire, mais il continue de faire son comique. J'arrive au pont Jacques-Cartier en moins de deux, prends la courbe sur les chapeaux de roues et ma cliente va « s'éffouarer » dans la portière.

— Tu m'as pas retenue ! braille-t-elle à son chum qui éclate de rire.

Là je me décoince un peu et je dis ben sérieusement :

— Une chance que la porte était bien fermée !

Il y a un silence qui dure un bon cinq secondes pis on éclate tous de rire en même temps. On a continué de rigoler jusqu'à destination, dans le fin fond longueuillois. La fille a pas été malade, j'ai eu un bon pourboire pis je suis retourné en ville.

Ça fait pas deux minutes que j'y suis que le répartiteur appelle mon numéro de dôme.

— Vous auriez pas retrouvé une sacoche dans votre taxi, des fois?

Je me retourne et ne vois rien sur la banquette. Je me parque pour y voir de plus près et, comme de fait, la sacoche de ma cliente est par terre. Elle a dû la perdre dans une courbe.

J'ai remis le taximètre et suis retourné là-bas. Ils m'attendaient au dépanneur au coin de leur rue, car les clefs de l'appart étaient dans le sac. Ils avaient l'air pas mal contents de me revoir. La fille avait même l'air complètement dépaquetée. Ils m'ont repayé la course avec un dix piasses d'extra pour le dédommagement! Ça a payé le taxi pour la nuit, et le chauffeur était happy.

Voyage de nuit

Cette nuit, j'ai passé une grosse heure avec deux junkies qui cherchaient à se mettre de quoi dans les veines. On a commencé le voyage par un arrêt chez Cactus, sur la rue Saint-Hubert, question d'aller chercher des seringues propres. Ensuite, un des gars m'a demandé mon «cell», question d'appeler son vendeur. Je ne suis pas trop inquiet. D'abord, je commence à avoir l'habitude de naviguer avec ces épaves, pis eux, ce sont des vieux de la vieille. Pas de ces jeunes exacerbés prêts à imploser par le manque et capables de tout. Non, mes deux clients sont calmos, ils en ont vu une pis une autre. Maganés, mais pas trous de cul. On est dans le centre-sud et le «courrier» se fait attendre. Un des deux est dehors à attendre et moi je jase avec l'autre. C'est dur de mettre un âge sur son visage édenté, mais il a l'air d'un vieillard. Je suis sûr qu'il est loin d'avoir l'âge qu'il fait. On attend toujours, l'autre revient et me redemande mon téléphone. Je laisse aller. La nuit est tranquille pis le compteur tourne anyway. Finalement, le livreur arrive, mais il n'a plus de «mou». C'est le premier du mois, la demande est forte. Il n'a que du dur. Je ne pose pas de questions mais j'imagine que le mou, c'est ce qui s'injecte, pis le dur, c'est du crack. Mon client est énervé, me redemande mon cell, pis appelle un autre contact. Direction le Plateau, où on va encore attendre après un courrier qui doit être aussi occupé que le premier. Autant il s'énerve avec son pusher au téléphone, autant il est relax et plutôt poli avec moi. J'essaie tout de même de ne pas avoir trop l'air de fraterniser avec eux, mais bon, ce sont quand même des humains. Et qui n'a pas ses petits problèmes, hein? Après qu'ils eurent réussi à avoir ce qu'ils voulaient, on a continué le périple à un dépanneur 24 heures où l'on vend de la bière quand les bars sont fermés. Puis on est retournés à l'endroit où je les avais fait monter. Ma nuit s'est terminée avec ce voyage. À l'heure où j'écris ces lignes, mes deux clients doivent être, quant à eux, sur un autre type de voyage.

P'tit crisse!

Hier soir, pendant le rush de la fermeture des bars, j'embarque un client coin Mont-Royal et Clark pour l'amener Saint-Laurent et Roy. Le genre de course que j'aime : un p'tit cinq-six piasses vite fait, et je reste dans le feu de l'action. Comme de fait, au coin de Roy, en attendant que le mec me paye, je vois arriver deux filles et, d'un signe de tête, je leur signale que ce sera pas long. Mais le gars niaise, fouille dans toutes ses poches. C'est long et les deux filles hèlent un autre taxi. Le type me demande si je prends la carte de crédit et, comme ce n'est pas le cas, je l'amène un peu plus haut au guichet automatique, et j'attends, j'attends et j'attends encore. Le gars que j'observe au travers la vitrine s'acharne sur la machine et ça me semble clair qu'il n'en tirera pas un billet. Pendant ce temps, les taxis embarquent autour de moi et je commence sérieusement à m'énerver. Le compteur roule toujours, mais je me doute bien que je ne serai pas payé. Le gars revient et me dit que le guichet ne marche pas, etc. Je lui demande une carte d'identité, d'assurance sociale, maladie, ou quelque chose en gage, mais le gars me dit qu'il n'a rien, alors que, dix minutes avant, il me parlait de carte de crédit. Je sors donc du taxi, le regarde dans les yeux et je lui dis qu'il me fait perdre mon temps, qu'il m'a fait manquer un voyage et que, là, il me paye ce qu'il me doit ou ça va aller mal. Il me demande si je vais le frapper. Je lui réponds que ce serait la moindre des choses. C'est du bluff, je ne suis pas méchant pour cinq cennes, mais le gars, lui, le sait pas, pis des fois ça marche. Le gars n'a pas l'air de me prendre trop au sérieux. Je l'agrippe donc par le collet, je prends mon élan et mon poing vient s'arrêter à deux pouces de son visage qui s'est laidement crispé. J'ai vraiment eu l'impression que le gars allait pisser dans ses culottes. Là, je lui dis : «Penses-tu que j'vais cogner un mec pour dix piasses ? Décôlisse de ma face p'tit crisse !» Il n'a pas demandé son reste et il est parti. Pendant ce temps, à la porte du guichet se trouvaient trois personnes que je n'avais pas remarquées et qui assistaient à l'altercation. Ils étaient tous crampés. Je leur ai rendu leurs sourires en haussant les épaules et les ai finalement eus comme clients. Une course jusqu'à NDG. On a rigolé tout le long et, à la fin, je n'ai pas eu de trouble à me faire payer.

Ramasser des soûls

Mon travail m'expose à une panoplie d'humains se trouvant
à divers degrés d'éthylisme. De la petite pompette sortant
d'un 5 à 7 jusqu'au gros moron soûl comme un cochon, je ratisse
large. C'est dur de juger à quoi je m'expose avant que le client
soit assis dans le taxi et, souvent, je ramasse à mes dépens. Et
deux fois plutôt qu'une. Quand un client dégobille son dernier
lunch dans mon taxi, c'est rarement lui qui se tape le lavage.
Quelqu'un de malade dans le cab, ça arrive rarement, mais,
quand ça arrive, c'est toujours une fois de trop. J'ai toujours
comme une grosse envie de me servir de la face du vomitif
comme moppe, mais bon. Je traîne toujours des p'tits sacs au
cas où, mais encore là tout peut arriver. Un soir, je m'arrête à
côté d'un mec au bras bien haut. Il me dit que ma cliente s'en
vient, qu'elle a un peu bu, mais que ça devrait être correct vu
qu'elle a déjà vomi. Mouain... La fille embarque. Effectivement,
elle a l'air pas trop pire, mais je lui tends quand même un petit
« au cas où ». J'ouvre la fenêtre pour faire un peu d'air et j'évite
de prendre les courbes trop vite. À mi-chemin, je sens la fille
respirer plus fort et, comme de fait, elle se met à dégueuler. Je
suis content de lui avoir donné un sac, et encore plus d'arriver
à destination. Elle me paye et sort. Gentleman, j'attends qu'elle
soit dans le hall de son immeuble avant de partir et, quand
je décolle, je file un coup d'œil derrière pour voir s'il y a pas
de dégâts. Rien sur la banquette. Ça semble bien beau, mais
je remarque le sac sur le sol. Je débarque pour le jeter dehors
et, quand j'ouvre la portière, une envie de tuer m'assaille. La
garce s'est vidée entre le siège et la porte. Le truc dans lequel

s'enroule la ceinture de sécurité en est plein et le sac « au cas où » est vide. J'ai passé une heure à nettoyer. Il m'a fallu défaire la bébelle de la ceinture pour tout ôter. Vous croyez que c'est dégueulasse ? Essayez d'imaginer l'odeur, maintenant. Malgré un lavage assez intensif, j'ai ramené le taxi au garage. Ça puait tellement la bile que ça aurait été honteux de faire monter quelqu'un d'autre dans la voiture. Pas trop rentable comme veillée. Ça rentre certainement pas dans la catégorie « bénéfices marginaux ». Ça donne même quasiment l'envie de prendre un coup. Enfin, bref, tout ça pour vous dire chers potentiels futurs clients, faites donc attention aux mélanges et, surtout, si ça arrive, visez le sac. OK ? Merci.

Épizootie

Vu la menace de la grippe aviaire, faudrait penser à éradiquer les nids-de-poule.

Peine de cœur

Le pauvre gars s'est fait crisser là par sa blonde le 24 décembre. Ça faisait 13 ans qu'ils étaient ensemble. Depuis, il prend un coup et sort dans les bars. Il cherche à l'oublier mais il se réveille la nuit et la cherche encore à ses côtés.

— J'veux pas te déranger avec mes problèmes! qu'il me dit, mais il continue à vider son sac. C'est ma faute, je lui ai demandé comment ça allait. Faut croire que j'ai une gueule de compatissant.

— C'était la femme de ma vie!

Il ne comprend pas pourquoi. Moi, j'ai ma petite idée mais je tiens ça mort. Je lui sors des lieux communs. Qu'il va en sortir grandi. Que c'est un «boutte rough» à passer. Mais il ne m'écoute pas.

— J'voulais des enfants avec elle! Pourquoi? Pourquoi? Il me postillonne dans les oreilles. Je lui dis que c'est pas drôle, mais c'est surtout pathétique.

— 13 ans, man! 13 ans! Qu'est-ce j'ai fait de pas correct?

Le gars est presque sur le bord de brailler pis, moé, je commence à avoir hâte de le débarquer. Je suis à sec dans les kleenex et pas sûr que ma compassion se rende là où le gars est rendu. Mais je reste gentil, j'essaye de l'encourager. Le pauvre gars étouffe des sanglots. Je ne sais plus trop quoi dire. On arrive finalement à son adresse. Le gars me paye, me remercie chaudement (c'est le moins qu'on puisse dire…). On se serre la pince et il sort du taxi en titubant jusqu'à son grand lit vide. Il va probablement ressortir ce soir pour boire, car il ne m'a pas laissé une maudite cenne de tip! Mais je lui en veux pas. On est tous plus ou moins passés par là.

Je prends de plus en plus goût à la photographie et je regarde ma ville sous un angle différent. J'expérimente toujours mes ouvertures de foyer et mes temps d'exposition. C'est tout un art, la photo de nuit, et je suis loin de le maîtriser. Il y a deux nuits, j'ai passé une petite demi-heure près de la tour IBM à prendre quelques photos. Architecturalement parlant, c'est probablement le gratte-ciel qui me plaît le plus en ville. J'aime bien son postmodernisme, sa couleur, ses angles bizarres.

Et, parlant de bizarreries, ou du moins de drôle de hasard, j'ai eu un appel hier soir pour le 1250, René-Levesque. L'adresse civique de cette tour que je m'amusais à photographier la veille. Je ne vais pas y chercher un client mais prendre un colis à livrer. Je dois donc y entrer ! À l'intérieur, c'est superbement marbré. Ça me démange de sortir mon appareil pour prendre quelques clichés, mais je sais que les gardes de sécurité qui m'ont ouvert m'observent avec leurs propres caméras. Pas grave, je prends mon temps et me remplis les yeux. Peu de temps après, je me remplis les poches. J'ai deux enveloppes à livrer. Une à Saint-Laurent, l'autre dans le West Island. Une super bonne course, «y'a pas photo!»

Je suis sur le poste 74 depuis un bon trois quarts d'heure et y'a rien qui bouge. Pas de «pick-ups», peu d'appels, en tout cas pas pour le poste où je me trouve au coin d'Atwater et de Notre-Dame. J'ai beau être le premier, ça me démange de m'en aller mais, tant qu'à brûler du gaz pour rien, j'aime autant prendre mon mal en patience.

Quinze minutes plus tard, je n'en peux plus d'attendre et je suis sur le point de m'en aller quand s'ouvre enfin la portière derrière moi. Je me retourne et regarde cet homme qui a l'air de sortir d'un clip des «Pogues». Il a un œil au beurre noir et sa face maganée est cernée par des favoris qui n'en finissent plus. De sa bouche aux dents cassées, il me demande dans un dialecte anglais incompréhensible, entre le cockney et le n'importe quoi, de l'amener quelque part.

— What?

Après deux, trois tentatives, j'arrive enfin à comprendre, qu'il veut aller dans le secteur des motels, sur la rue Saint-Jacques à NDG.

Le type me raconte qu'il a oublié de quoi là-bas et qu'il fait un aller-retour. Dans ma tête ça sonne comme du magasinage pour aller chercher de la dope mais ce n'est pas de mes affaires. Ça va compenser pour la grosse heure que je viens de perdre.

Comme le gars n'a pas l'air commode, j'essaie de faire vite. Les lumières sur Saint-Antoine à Saint-Henri sont toujours bien synchronisées, faique ça roule. Quand Saint-Antoine redevient Saint-Jacques, je clenche pour monter vers Décarie, lorsque j'aperçois, trop tard, un motard de la police qui me fait signe de me ranger.

— Merde! Comme si ça allait déjà bien!

Pendant que le policier s'amène avec son confrère, je prépare mes papiers et dis à mon client que ça ne devrait pas être trop long.

Les deux policiers ont dû regarder trop de mauvais films américains, car ils se prennent au sérieux pas pour rire. Deux beaux baveux! Celui qui me demande mon permis me parle comme si j'étais une merde et l'autre demande à mon client de sortir du taxi. Alors que je file mes papiers au motard, ça commence à argumenter derrière. J'ai tout juste le temps de tourner la tête pour voir mon passager partir comme un lièvre après avoir poussé le policier qui est tombé par terre. Ce dernier se remet rapidement debout et se lance à la poursuite de mon client. Le policier à côté de moi empoche mes papiers et court vers sa moto. Il se lance à son tour à la poursuite de l'homme qui, de toute évidence, avait de quoi sur la conscience ou dans ses poches.

Me voilà donc là comme un con au-dessus de l'autoroute Décarie à attendre qu'on revienne me rendre mes papiers. Je fume une couple de clopes en faisant le tour du taxi pour constater que j'ai un pneu qui dégonfle. Comme si ça allait déjà bien! C'est clair que je ne serai pas payé pour ce voyage. Je laisse quand même le compteur rouler, en pensant au ticket que je vais avoir à payer et au pneu que je vais probablement devoir changer. Y'a des soirées comme ça, où j'aurais mieux fait de rester couché.

Quand le motard revient, je vais à sa rencontre pour plaider ma cause. Je lui dis que c'est mon passager qui me demandait d'aller le plus vite possible. J'ajoute que je le trouvais bizarre, que je ne me sentais pas en sécurité, que j'allais perdre le prix de cette course, etc. Encore un peu et je me mettais à genoux. Ça n'aurait pas servi à grand-chose car la loi de Murphy suivait son cours. Cent cinquante dollars et trois points de démérite.

C'est en sacrant que je repars mettre de l'air dans le pneu à la station-service la plus proche. Je pense installer la roue de secours, mais il s'agit d'une petite roue temporaire et illégale pour travailler. Tant qu'à perdre ma nuit, je décide donc de ramener en vitesse le taxi au garage.

Je suis donc en direction pour aller garer le taxi, quand j'aperçois cette femme au bras levé. Je m'arrête plus par réflexe qu'autre chose et j'ouvre ma fenêtre pour savoir si ça vaut vraiment le coût. Elle me dit qu'il faut qu'elle se rende à Lachine. Une course de trente dollars au bas mot. Je suis conscient de l'état de mon pneu mais ce voyage va tout de même m'aider à éponger la contravention. Je lui fais donc signe de monter et me mets en direction.

Chemin faisant elle me raconte sa vie miteuse d'escorte de bas de gamme. Pas très reluisant. Comme le reste de ma veillée finalement. Je passe le reste du trajet à l'écouter me raconter les bassesses qu'elle doit se taper pour acheter de quoi nourrir ses trois enfants. De la misère en concentré. Arrivé sur place, elle sort en trombe du taxi, en me disant qu'elle revient tout de suite. Je suis lent à réagir et sort rapidement à mon tour pour la voir disparaître dans un bloc appartement. Je sais alors que je viens de me faire baiser. Elle ne reviendra pas.

Mon moral est alors à l'image de mon pneu, complètement à plat.

De l'art et du cochon

On a emballé les sculptures de Riopelle à côté du Palais des congrès. C'est comme si l'artiste Christo était passé par là!

En premier, je me suis dis que c'était pour les protéger des intempéries hivernales. Mais j'ai l'impression que c'est plutôt pour les mettre à l'abri des «méchants-fauteurs-de-trouble-écolo-altermondialistes» qui rôderaient par là pendant le congrès sur les changements climatiques. Non mais! Ce sont presque des terroristes, ces gens-là! Aucun risque à prendre! D'ailleurs, la sécurité aux abords du Palais se fait sentir. Il y a des véhicules de la GRC, d'autres d'agences de sécurité et, pendant que j'ai pris cette photo, une autopatrouille est venue voir ce que je faisais. Je vous jure que, des fois, faut pas avoir peur des clichés.

Tuques en stock

À la fin de la nuit, je retrouve presque toujours quelque chose d'« oublié » par un passager. Des paquets de cigarettes, des clefs, de la dope, des condoms, des couteaux, des cellulaires, des portefeuilles, des lunettes, des sacs d'école, des articles de maquillage, des bouteilles vides, des pleines. J'ai déjà trouvé des boules chinoises, le bagage à main d'un voyageur coréen, un appareil photo jetable, une petite culotte, un porte-document, une plume fontaine, des livres, une canne, des CD, du parfum et sûrement encore plein de choses que j'oublie. Un soir, un travelo a oublié une valise avec des perruques, des trucs en toc et assez de spray-net pour anéantir ce qu'il reste d'ozone. Évidemment, quand c'est possible, j'essaie de rendre ces objets à leurs proprios. Quand je pars d'une adresse ou y arrive, c'est assez facile. Pour les portefeuilles, ça va. Quand c'est un cellulaire, souvent la personne appelle ou j'essaie d'y retrouver les coordonnées de la personne à qui il appartient. Parfois je vais déposer ce que je trouve chez Diamond ou je laisse ça au garage où je loue. Mais, souvent, je me retrouve avec plein de trucs. Chez moi j'ai un tiroir empli d'objets trouvés. J'ai un lot de parapluies des plus variés et, avec l'hiver qui arrive, je vais sûrement renouveler mon stock de tuques.

Le choix des armes

À la fermeture des bars tout peut arriver. Comme dit mon chum Luc : « L'alcool ravale l'homme au rang de la bête », et je suis crissement bien placé pour lui donner raison. Moi, je dis : « En autant qu'on me paye à la fin et qu'on ne salisse pas mes sièges, anything goes. » Mais ça prend pas mal de patience des fois. De la patience et du tact. Faut savoir vite à « quoi » on a affaire et s'adapter rapidement à ce qui se présente. Un client qui cherche le trouble va être plus calme s'il pense qu'il va le trouver. Avec le temps, j'ai développé ce sixième sens pour détecter les individus à problèmes. En général, juste le fait de rester calme et de faire ta job comme du monde évite pas mal d'ennuis. Quelqu'un qui a de quoi derrière la tête ne fera rien s'il ne sait pas à qui il fait face. Je compare ça à un chien. Il va mordre la personne qui a peur de lui, mais rarement le contraire. Quand je sens que mon client peut être dangereux, je fais des gestes qui sèment le doute dans son esprit. Je monte le radio-taxi, je fouille sous mon siège et fais semblant de mettre quelque chose entre mes jambes. Ou encore juste un regard soutenu dans le rétro va faire la job. Ne pas montrer la peur, le laisser douter tout en continuant le trajet. Jusqu'à maintenant, ça m'a évité les embrouilles. Je connais quelques chauffeurs qui ont des armes. Des couteaux, des battes de baseball ou encore du spray de poivre de Cayenne. Il y en a même peut-être qui ont des guns. Si ça leur permet de se sentir mieux, grand bien leur fasse. Perso, je ne crois pas aux armes et j'ai pas l'intention de m'en munir. Je n'en ai pas et je n'en veux pas. Mais mon potentiel agresseur n'a pas besoin de le savoir.

Le 1000 de la Gau dans brume

Bonne fête, le Père

Aujourd'hui, ç'aurait été la fête de papa, et c'est sans trop de conviction que j'ai pris la route. L'humeur synchrone avec la grisaille ambiante, les clients se sont succédé sans que j'y fasse trop attention. Quand un proche part trop vite, on est empli de tristesse par l'absence que ça crée. Toute la nuit, j'ai eu en tête les moments qu'on a passés ensemble, mais aussi les moments qu'on ne partagera plus.

Un peu après minuit, alors que je suis installé au poste 64, je prends un appel pour la rue William. Quatre personnes m'y attendent, dont une dame dans la soixantaine qui s'assoit à mes côtés. Dans les mains, elle tient une gerbe de fleurs et un paquet cadeau. D'emblée, je lui souris et lui dis : « Happy Birthday ! »

J'effectue la course en pensant à la vie et aux hasards bizarres qu'elle nous met dans les pattes. À destination, je lui confie qu'elle partage la date de fête de mon père perdu et que c'est spécial qu'elle soit montée dans mon taxi cette nuit. Elle m'a offert un superbe sourire plein d'empathie et de compassion. Je lui ai souhaité une merveilleuse année et j'ai poursuivi ma route, un peu moins triste.

La fin de semaine de l'Halloween, c'est du bonbon. Payant et distrayant. Pour l'occasion, je me suis déguisé en chauffeur parlable. J'ai eu droit à une faune des plus variées. Un gnome puant la gnôle, une Vampirella à croquer, un ange déçu, un autre déchu, quelques sorcières dont certaines pas déguisées du tout. Une abeille m'a laissé une mi-aile sur la banquette arrière. Une démone cokée m'a résumé sa vie en 15 minutes, un ectoplasme extasié m'a donné dix piasses de tip. Au Corona, entre deux séances du Rocky Horror Picture Show, j'ai vu une douzaine de mecs en porte-jarretelles danser sur des voitures stationnées. Dans le Village j'ai vu un pénis géant tomber en bas d'une chaîne de trottoir. J'ai déposé un Harry Potteux sur la brosse, Adam et Bourbonnière. J'ai vu un Superman vomir sur René-Lévesque. J'ai déposé une femme folle sur Fullum. J'ai jasé de politique avec un gars en robe de mariée et de végétarisme avec une tigresse.

(...)

Une belle grosse fin de semaine pleine de nananes et de sucreries. Ce soir, rendez-vous chez le dentiste.

Coup de théâtre!

Quand j'ai une bonne fin de semaine, je prends mes dimanches un peu plus relax. Je travaille pour payer l'auto et « that's it, that's all ». Je vais garer le taxi et reviens avec le dernier métro ou, comme ce soir, un peu plus tôt. Alors que je grimpe dans ma rame, une dizaine de personnes se tenant les unes aux autres se ruent dans le wagon avant que les portes se referment. D'abord, je crois que c'est une gang de chums sur le party, mais une fille du groupe prend la parole et commence à invectiver les gens qui sont dans la rame. Une autre fille passe devant moi avec une petite caméra et va s'installer un peu plus loin pour filmer ce qui se passe. De toute évidence, ça semble être une troupe de théâtre ou un groupe d'étudiants en pleine expérimentation créatrice. La jeune femme qui « tient le crachoir » est devant moi et s'adresse aux gens autour. Pendant ce temps, je regarde le reste de la troupe une série de bancs plus loin faire des pitreries. Mon regard va de la fille qui déclame, à l'autre à la caméra, aux passagers qui ont des réactions assez variées. Y'a des visages dubitatifs, amusés et médusés. Un black a remonté son capuchon de kangourou et essaie de se faire invisible. Juste devant moi, un vieil Arabe semble plutôt fâché. Tout à coup le personnage principal de cette impro s'agenouille devant moi et me prend la main. Elle me parle du mal de vivre qui assaille notre monde, me dit qu'il faudrait qu'on réalise qu'on est tous du même moule, qu'on forme un tout, etc. Elle me dit ça les yeux plantés dans les miens et j'embarque dans son jeu en mettant ma main sur son épaule et en tentant de trouver le regard le plus empathique possible. Quand elle se relève, elle me sourit et me serre le bras comme pour me remercier.

La rame est alors entrée dans la station suivante et le groupe s'est rué dans l'autre wagon. Le temps d'une station de métro, j'ai assisté et pris part à un beau moment de création et d'intervention. Ludique et d'une originalité pas banale. Un sacré coup de théâtre. Ça valait le prix du ticket.

Des soirs, ça ne marche pas

En entrant dans le métro pour aller chercher mon taxi, j'apprends que le service est interrompu sur la ligne orange.

Je fais donc le trajet jusqu'à Berri en souhaitant que ça recommence à rouler. Je suis vite déçu. Il y a des délais et ils font sortir tout le monde. Il y a quelqu'un, quelque part, qui s'est jeté devant une rame. Bonjour la galère. Ça me fait d'autant plus chier que, pour nous, ces pannes, c'est la manne. Mais là, impossible de trouver un taxi disponible pour aller chercher le mien, et les autobus qui montent Saint-Denis sont tellement pleins qu'ils ne stoppent aux arrêts surpeuplés que pour faire descendre les gens. Donc, je marche et je marche, et je marche encore. Moi qui suis habitué aux courses, c'est plutôt inhabituel. Je lâche un coup de fil au patron pour lui dire que je vais être en retard et je continue de marcher. Mes pieds peu habitués à ce traitement se couvrent d'ampoules. Ce n'est pas brillant comme situation, mais j'avance toujours. J'arrive suant, haletant, et en retard au garage de la Petite-Patrie et me retrouve face à mon boss qui m'annonce que le chauffeur de jour vient d'avoir un accrochage et qu'il n'y a pas d'auto pour moi ce soir. (...)

Je sais pas si c'est à cause de l'énergie que je venais de dépenser, mais j'ai pris ça assez stoïquement. J'étais quand même pas pour manger mes bas.

Les samedis soirs, ça roule. L'action commence tard. Avant dix heures, ça peut être long longtemps, mais, quand ça part, c'est non-stop jusqu'au petit matin. Pour rentabiliser l'affaire, faut faire le plus de courses possible. Un petit cinq minutes sauvé ici et là vaut une ou deux courses de plus à la fin. Faut être d'attaque et faire vite. Le best, c'est de rester proche du centre-ville, car la majorité des clients vont d'un bar à l'autre. Quand les clubs ferment, c'est la folie furieuse. Le festival des bras dans les airs. Faut pas que ça niaise. Quand un client te demande alors de l'amener sur la rive sud, ça fait chier des briques, car c'est certain que tu reviens à lège et que tu perds quelques courses. Je sais que beaucoup de chauffeurs refusent les «450» pendant le rush, mais ce n'est pas mon cas. Ça reste quand même une course respectable et, la nuit, tu peux clencher pour revenir. Donc, samedi, j'embarque ce type sur Sainte-Catherine, un rockeur avec une coupe Longueuil qui voulait s'en retourner dans sa patrie capillaire. (Ouais, je sais, elle est un brin capilotractée, celle-là. Faique, à fond mon Léon: d'en avant des Foufs jusqu'au pont Jacques-Cartier en cinq minutes. Le gars est sur le party et ça a vraiment pas l'air de le déranger, la manière dont je chauffe. Mais, rendu sur le pont, ça «jamme». La nuit, c'est toujours réduit à une voie et faut suivre à la file indienne. D'habitude ça avance quand même correct, mais là, il y a une espèce de touriste, six ou sept chars en avant de moi, qui roule à 30. Hmmm. Je fatigue, ça n'avance pas. Puis, je me décide: je déboîte sur la gauche et clenche la série de véhicules sur la voie où un gros «X» rouge flashe au-dessus de nos têtes. En revenant dans la voie de droite, je dis à mon client :

— On va profiter que la Sûreté du Québec soit en moyens de pression.

Pas le temps de finir ma phrase que je vois l'auto des flics qui m'attend dans la voie que je viens de quitter.

— Eh, merde !

Elle vient se mettre juste derrière moi et je suis pas gros dans mes culottes. Voie interdite, vitesse, pas de ceinture ; je commence à calculer combien va me coûter mon incartade. Mon client, toujours pas achalé, les regarde en faisant des bye-bye. Ils m'ont suivi sur une couple de kilomètres. Je me disais qu'ils attendraient peut-être que je dépose mon soûlon. Tu penses à plein d'affaires, dans ce temps-là, mais jamais à ce qu'ils te laissent aller ! OUF ! Je l'ai vraiment échappé belle là-dessus. Je ne suis pas inquiet, les probabilités finiront bien par me rattraper, mais en attendant :

— SO ! SO ! SO ! SOLIDARITÉ ! Lâchez pas les gars ! Je suis avec vous !

Brumes

Voyage dans le Sud

Jeudi, une stupéfiante métisse aux yeux océan est montée dans mon taxi. On a échangé sur ceux qui chialent contre le froid et décidé de ne pas se joindre à eux avant la fin de février. Une conversation banale d'une complicité à faire crochir les atomes. Cette nuit elle m'a rappelé pour que je la reconduise chez elle. Un voyage dans la chaleur des îles. D'une beauté à en perdre la voix.

Punk et poque

Hier, vers 3 h 30, je suis au coin de Mont-Royal et de Saint-Laurent, direction ouest, avec un client que je viens d'embarquer. Ma lumière est sur le point de changer et je commence à avancer. Un punk plus très jeune arrive alors sur ma gauche, prend son élan et donne un grand coup de pied dans la portière arrière! Je sais que vous vous dites que les maudits chauffeurs de taxi sont dangereux pour les piétons, qu'ils chauffent en malades et ne respectent rien. Oui, mais cette fois-ci je vous jure que le pied était à un mètre de l'auto. Mon client a lâché un «ouate de phoque»! J'ai arrêté le taxi pour voir l'étendue des dommages. Une bonne poque de la grosseur d'une Doc. Mon client ne veut pas que je stoppe, mais j'ai des comptes à rendre au propriétaire du cab. Je lui demande donc ce qu'il me doit et lui dis d'en prendre un autre. Arrive alors, sur l'autre coin, une Caravan blanche et bleue, de beus. Bon timing, l'agent se pointe juste à temps pour que mon passager lui donne sa version des faits. Je dis à la police que le botteur monte Saint-Laurent à pied et qu'il ne doit pas être très loin. On le retrouve juste en haut de Villeneuve. J'aurais aimé avoir un appareil pour vous montrer la face qu'il m'a fait quand il m'a vu retontir. Finalement, je n'ai pas voulu mettre de l'huile sur le fou. Après 15 minutes de perte de temps à écouter le pauvre diable enivré patauger dans la sloche, j'ai dit aux polices (un autre char s'étant pointé sur les entrefaites) que je ne voulais pas porter plainte. Ce vieux punk m'en rappelait trop un autre. Anyway, pour une poque, c'est quoi le but?

Folies sur place

P etite neige folle, cette nuit. C'est glissant et faut redoubler d'attention. C'est pas mal plus fatigant, mais je ne déteste pas ça. D'abord, les courses sont un peu plus payantes, mais j'aime surtout ça parce que ça change de la routine. Mon boss me loue toujours le même taxi; je sais donc comment il réagit sur la glace et je m'amuse à faire des dérapages contrôlés. C'est toujours utile quand l'auto dérape «pour vrai». Jeux de braquages et contrebraquages. Faut jouer du frein le moins possible. Le vrai truc, c'est de jouer avec l'accélérateur. Comme dirait l'autre, «je pompe le gaz». Ça a toujours son petit effet quand je suis en train de jaser avec un client et que je tourne dans une rue en dérapant. Je fais mon *show-off* sans que ça paraisse trop, donne un grand coup de volant en donnant des petits coups de gaz, récupère l'auto dans sa ligne, tout en continuant de jaser. Les clients, pour leur part, gardent souvent le silence pendant la manœuvre. Parfois, je les sens un peu *freaker*. Je fais toujours comme si de rien n'était: je fais mon *smatte*. Je dose quand même mes effets quand j'ai du monde à bord. C'est bien entendu que je ne mettrais pas la sécurité de mes passagers en danger. À moins qu'on insiste.

Il y a quelques années, dans des conditions semblables, j'ai à bord cinq Amerloques éméchés qui sortent d'un bar de danseuses et que je ramène à l'hôtel Delta, sur Président-Kennedy. Les gars sont sur le party et ont du fun. J'arrive devant l'hôtel sur le côté opposé de la rue. Comme de chaque côté il n'y a pas d'auto de stationnée, je donne un bon coup de gaz, fais un 180 degrés et arrête le cab juste devant l'entrée du Delta. C'est alors l'euphorie dans le taxi, les gars en veulent encore !

— No problem !

Je leur en ai mis plein la gueule avec trois 360 ! Un 1080 degrés sur Président-Kennedy. J'ai eu droit à des applaudissements, des tapes dans le dos et un sacré gros pourboire. Encore chanceux que la police ne passait pas par là pour me voir « blower mes donuts ».

Quand j'ai commencé le boulot de chauffeur de taxi il y a presque 15 ans, je croyais pénétrer dans le monde idéalisé et rebelle que m'offrait le cinéma. J'imaginais me retrouver dans le *Taxi Driver* de Scorsese, le *Night on Earth* de Jarmusch ou encore dans l'*Helsinki-Napoli* de Mika Kaurismäki. L'aventure à chaque coin de rue! Mais quand un client dégobille son dernier repas sur la banquette, que tu dois changer un pneu éclaté en pleine tempête, que tu te fais péter une bouteille de bière en arrière de la tête, ou que tu dois te taper un sprint derrière un enculé qui se pousse sans payer, le côté idéaliste prend le large. Quand ça fait une heure ou deux que tu tournes en rond sans course ou quand la mécanique lâche en plein rush, t'as envie de tuer et de tout crisser là!

Faut s'attendre à tout, rester poli, éviter les embrouilles et les embouteillages. Faut parfois jouer au dur et même se battre. Faut connaître les racoins, le beat des lumières, le sens des rues, les nids-de-poule dangereux, le nom des restaurants, des bars, des hôtels. Les dates des festivals, des congés fériés, des joutes de hockey puis des gros raves-partys. Faut savoir trouver de la bière après les heures, où sont les prostitués, où les polices se cachent, où les pushers se tiennent. Faut sentir quand un passager va nous crosser ou dégueuler. Faut savoir quand fermer sa gueule et avoir plein de sujets de discussions. Faut être patient. Faut aimer ça…

Montréal by Night propose beaucoup plus que ce que le client demande, ou peut en prendre. Tout s'achète et tout se vend. Montréal est une immense racoleuse. Mais elle joue avec les contrastes. Elle se pose souvent en trompe-l'œil et ce qu'elle nous montre n'est pas toujours ce que l'on croit voir. Quelques heures dans une nuit suffisent à déformer le miroir.

Dans la bagnole, je suis loin de m'ennuyer. Les clients sont rarement dans le même état en début de soirée qu'en fin de nuit. Un petit couple digne à l'aller peut tout aussi bien décider de s'envoyer en l'air au retour. À l'aller, une fille peut tester ses charmes sur son chauffeur pour voir si «this night's the night».

Les conversations sont révélatrices de l'âme humaine. Une course de taxi est une rencontre éphémère où les gens vont s'ouvrir beaucoup plus qu'avec un proche. Je détiens des secrets inavouables, je connais vos tabous, vos travers, vos joies, vos peurs et vos peines. À l'odeur je sais si vous avez bu, fumé, baisé. Je sais si t'as du «skunk» sur toi, je devine à ton attitude si t'es en manque ou bien coké. J'arrive à savoir à ton haleine si tu viens de bouffer ou de tailler une pipe. Pas besoin de causer pour savoir et comprendre. À vous regarder sur le trottoir, j'en sais déjà beaucoup plus sur vous que vous ne le croyez. On peut quand même parler du temps qui fait et de celui qui passe.

Je me suis laissé piéger par ce boulot. Il pousse souvent à la misanthropie, mais force à chercher le bon chez l'humain. En foule, l'homme m'exaspère. Comme passager, il prend un tout autre visage et me fait vivre au propre comme au figuré. Mais, le comble, c'est que je suis tombé amoureux de l'endroit où je bosse. J'habitais Montréal, maintenant, je la vis. Je la sens comme une entité propre, comme une compagne. La nuit la ville s'exacerbe, entre dans un état second. Elle s'enivre, s'intoxique, son cœur bat plus vite. D'où je suis, je l'écoute battre au rythme des gens qui y vivent. Dans ses artères, ça roule.

Début des travaux

Tourner en rond

Pour bien faire, il faudrait que je conclue ici, avec une introduction.

Ça serait un juste retour des choses.

Mais est-ce le début de la fin ou vice versa ?

Avec le recul, je me rends compte que le métier de chauffeur de taxi et celui d'écrivain ont beaucoup en commun. Dans un cas comme dans l'autre, il faut passer beaucoup d'heures à tourner en rond. Le passager, comme l'inspiration, se fait attendre parfois longtemps. Dans un cas comme dans l'autre, il faut faire avec la solitude inhérente. Dans un cas comme dans l'autre, il faut être passionné.

Avec un passager à bord, le chauffeur de taxi se doit de prendre le chemin le plus rapide entre le début et la fin d'une course. Mais la ville et la vie font en sorte que les détours sont inévitables. Qu'en est-il de l'écrivain ? Quel trajet doit-il prendre ? Quelle est la destination ? Quels détours tortueux est-il obligé d'emprunter ? Ce livre se veut le début ou la fin du parcours ? Et si la réponse se trouvait dans l'errance ?

Ces questions vont continuer de me tourner dans la tête.

Prépostface en guise de conclusion préliminaire

L es rues, l'espace qui nous entoure, ne sont peut-être pas des lieux aussi impersonnels qu'il y apparaît. Peut-être sont-ils hantés par des présences passées et présentes. Peut-être même qu'acheter un chapeau usagé peut donner de drôles d'idées. Enfin.

En termes de mythologie, un génie, plutôt qu'un gros quotient, est un esprit influant la destinée d'un lieu, d'une collectivité. Les ondines habitaient les eaux, les trolls la forêt.

J'aime bien cette appréhension païenne du monde, qui n'est pas incompatible avec le XXIe siècle. J'aime bien aussi imaginer Léon comme un esprit hantant Montréal, veillant sur sa communauté. Comme une sorte d'ange post-beatnik aux ailes de métal et aux yeux d'halogène tricotant sa géométrie dans le tissu urbain, un cookie aigre-doux infiltré dans le disque dur métropolitain.

Le bonhomme a pas mal roulé sa bosse en Europe et en Amérique mais il est revenu à Montréal. C'est sa place qu'il dit et, quand il le dit, ça sonne vrai. Voilà bientôt 15 ans qu'il y rape et dérape. De Westmount à Montréal-Est, tout le monde embarque dans *Un taxi la nuit* : les femmes fleurs et les vétérans à œillets, les sugar daddies et les mères amères, les Chinois de Brossard et les Montréalais de la Bourgogne, les workaholics et les procrastinateurs, les dingues, les dindes, les pigeons et les snow birds, les mourants et les naissants, les marxistes, les Saint-Pierre, les Slimani, les Flanagan, les Pereira, les Augustin, les Wong, les Trudel, les Trudel-Wong. Et ta sœur. Ou la mienne.

Le taxi est dans Montréal et Montréal est dans le taxi. Toutes ses joies et ses misères se déversent sur sa banquette arrière, et encore le banal, l'exceptionnel, l'espoir et l'amertume. Bien sûr, Léon a ses propres états d'âme; il peut être bourru, cynique, asséner des répliques dévastatrices. Mais l'empathie prédomine. Léon en a remonté plus d'un dans son cabinet mobile. Les rythmes, le sien, ceux de sa bagnole, les pulsations du cœur de la ville se superposent, se croisent et se fondent. Le tumulte s'y apaise parfois.

Sans Léon, le trafic perdrait son sens, la ville un bout de son âme.

Un taxi la nuit témoigne du dur partage d'un espace. Ange ou génie, Léon, avec ses mots, qui sont aussi les vôtres, en éclaire les culs-de-sac et les avenues.

Pour ceux et celles qui saisiront le mythe au passage, le voyage sera moins solitaire.

Denis Lord

Remerciements

Je tiens avant tout à remercier ma mère Pauline. Son courage est ma première source d'inspiration.

Merci à ma famille et mes amis. Le métier que je pratique fait en sorte que je ne suis pas auprès de vous aussi souvent que je le voudrais. Merci à Chantal, Loup, India et Daniel. Merci à toi mon vieux Luc. Merci à Linda, Boris, Chris-Isaac, Morgane, Fiona, Nathalie et Cayen. Je vous embrasse tous bien fort.

Gros merci à Stéphanie Côté pour son aide, ses conseils et sa patience. Merci aux «Odépistes» pour le soutien ludique et moral.

Mercis particuliers à Denis Lord, Michel Dumais, Patrick Lagacé, Sophie Bernard et Dominic Arpin pour les bons mots que vous avez eus pour *Un taxi la nuit* le blogue.

Merci aux éditions du Septentrion pour l'occasion que vous m'offrez.

Et surtout mille mercis aux internautes et blogueurs qui ont fait d'*Un taxi la nuit*, ce qu'il est. C'est grâce à vous que ce livre voit le jour. Je vous exprime toute ma gratitude.

Table des matières

Tous les livres de la collection Hamac sont imprimés sur du papier recyclé, traité sans chlore et contenant 100 % de fibres postconsommation, selon les recommandations d'ÉcoInitiatives (www.oldgrowthfree.com/ecoinitiatives).
En respectant les forêts, le Septentrion espère qu'il reste toujours assez d'arbres sur terre pour accrocher des hamacs.

PROTÉGEONS
NOS FORÊTS

CET OUVRAGE EST COMPOSÉ EN WARNOCK CORPS 10
SELON UNE MAQUETTE DE PIERRE-LOUIS CAUCHON
ET ACHEVÉ D'IMPRIMER EN MARS 2007
SUR PAPIER ENVIRO 100 % RECYCLÉ
SUR LES PRESSES DE L'IMPRIMERIE MARQUIS
À CAP-SAINT-IGNACE
POUR LE COMPTE DE GILLES HERMAN
ÉDITEUR À L'ENSEIGNE DU SEPTENTRION